铁路货车常见运用故障应急处置

《铁路货车常见运用故障应急处置》编委会　主编

中国铁道出版社有限公司

2024年·北　京

内 容 简 介

本书为紧跟铁路新技术发展和现场岗位技能需求，进一步健全铁路货车应急管理系统，提高应急处置人才队伍培养质量，实现铁路货车故障快速高效处置，以现行基本规章和作业标准为依据，结合现场作业实际编写。全书共七章，包括铁路货车故障应急处置有关规章、常见制动故障应急处置、车辆抱闸故障应急处置、车钩缓冲装置故障应急处置、车辆脱轨应急处置、热轴故障应急处置及常见故障修理等内容。

本书对部分常见故障的处置方法配有现场操作的解析视频，读者可通过扫描二维码获取视频资源，强化分析及处理实际应用中的故障知识。

本书可作为铁路货车车辆管理和专业技术人员进行故障应急处置指导和培训演练的专业教材，也可作为铁路职业院校相关专业的参考书。

图书在版编目(CIP)数据

铁路货车常见运用故障应急处置／《铁路货车常见运用故障应急处置》编委会主编．—北京：中国铁道出版社有限公司，2024.5

ISBN 978-7-113-30297-9

Ⅰ.①铁… Ⅱ.①铁… Ⅲ.①铁路车辆-货车-故障修复 Ⅳ.①U279.3

中国国家版本馆CIP数据核字(2023)第100507号

书　　名：铁路货车常见运用故障应急处置
作　　者：《铁路货车常见运用故障应急处置》编委会

责任编辑：黎　琳　白小玉　　**编辑部电话：**(010)51873674　　**电子邮箱：**jiliang@tdpress.com
封面设计：刘　莎
责任校对：安海燕
责任印制：樊启鹏

出版发行：中国铁道出版社有限公司(100054，北京市西城区右安门西街8号)
网　　址：http://www.tdpress.com
印　　刷：河北京平诚乾印刷有限公司
版　　次：2024年5月第1版　2024年5月第1次印刷
开　　本：787 mm×1 092 mm 1/16　**印张：**12　**字数：**279千
书　　号：ISBN 978-7-113-30297-9
定　　价：75.00元

编 委 会

随着铁路现代化建设的加速推进，大量先进技术装备投入货车车辆现场运用中，同时铁路货车运用在生产组织、作业方式、作业规章方面产生了较大变化，对货车应急处置技能人才的知识结构、技能结构提出了新的要求。特别是从近几年新职人员在铁路岗位的现场技能表现来看，其所学知识与现场作业需求存在差距，专业技能与铁路岗位现场需求存在脱节。

为加强铁路货车车辆运用一线岗位教材建设，紧跟铁路新技术发展和现场岗位技能需求，进一步健全铁路货车应急管理体系，提高应急处置人才队伍培养质量，实现铁路货车故障快速高效处置，中国铁路济南局集团有限公司车辆部组织编写了《铁路货车常见运用故障应急处置》。

本书纳入了近年来铁路货车车辆采用的新技术、新装备的内容，以货车车辆常见故障处置等货车检车员必知必会内容为核心，满足现场货车车辆故障应急处置中对专业知识和实作技能的需求。

本书主要包括铁路货车故障应急处置有关规章和常见制动故障应急处置、车辆抱闸故障应急处置、车钩缓冲装置故障应急处置、车辆脱轨应急处置、热轴故障应急处置及常见故障修理等内容，书中还包含车钩三态作用试验、机车与车辆连挂作业、起轴转动检查等现场操作的解析视频。读者可通过扫描二维码获取资源，便于加深理解并掌握常见运用故障应急处置。

本书在编写过程中得到了中国铁路济南局集团有限公司车辆部、济南西车辆段、日照车辆段和职工培训中心的大力支持，马兴中、李博、高业坤、吴重坤、刘祥峰、谢东新、刘廷新、王小新、鞠亿亿、江希波等人参与了审核工作，在此一并表示感谢。

本书可作为铁路货车车辆管理和专业技术人员进行故障应急处置指导和培训演练的专业教材，也可作为铁路职业院校相关专业的参考用书。

由于编者水平有限，书中难免存在不足和疏漏之处，恳请读者提出宝贵意见。

编　者

2023 年 12 月

目录

第一章　铁路货车故障应急处置有关规章

第一节　《铁路技术管理规程(普速铁路部分)》有关规定

一、列车(动车组列车除外)运行途中发生车辆故障应急处置(第371条)

列车调度员接到热轴报告后,应按热轴预报等级要求果断处理。必要时,立即安排停车检查(司机应采用常用制动,列车停车后由车辆乘务员负责检查,无车辆乘务员的由司机确认能否继续安全运行)或就近站甩车处理。

二、列车退行规定(第372条)

在不得已情况下,列车必须退行时,车辆乘务员或随车机械师(无车辆乘务员或随车机械师时为指派的胜任人员)应站在列车尾部注视运行前方,发现危及行车或人身安全时,应立即使用紧急制动阀(紧急制动装置)或使用列车无线调度通信设备通知司机,使列车停车。

列车退行速度不得超过15 km/h。未得到后方站(线路所)车站值班员准许,不得退行到车站的最外方预告标或预告信号机(双线区间为邻线预告标或特设的预告标)的内方。

车站接到列车退行的报告后,除立即报告列车调度员外,根据线路占用情况,可开放进站信号机或按引导办法将列车接入站内。

下列情况列车不准退行:

1. 按自动闭塞法运行时(列车调度员或后方站车站值班员确认该列车至后方站间无列车,并准许时除外);
2. 在降雾、暴风雨雪及其他不良条件下,难以辨认信号时;
3. 一切电话中断后发出的列车(持有"红色许可证"通知书1的列车除外)。

三、进站及接车进路、接发车进路色灯信号机的引导信号显示(第416条)

进站及接车进路、接发车进路色灯信号机的引导信号显示一个红色灯光及一个月白色灯光——准许列车在该信号机前方不停车,以不超过20 km/h速度进站或通过接车进路,并须准备随时停车(图1-1-1)。

图1-1-1　引导信号

四、半自动闭塞或自动站间闭塞区段出站色灯信号机的信号显示(第417条)

1. 一个绿色灯光——准许列车由车站出发[图1-1-2(a)]。

2. 两个绿色灯光——准许列车由车站出发，开往次要线路[图 1-1-2(b)]。

3. 一个红色灯光——不准列车越过该信号机[图 1-1-2(c)]。

4. 在兼作调车信号机时，一个月白色灯光——准许越过该信号机调车[图 1-1-2(d)]。

(a)　(b)　(c)　(d)

图 1-1-2　出站色灯信号机显示

五、在站内线路上检查、修理、整备车辆或进行装卸作业时防护规定(第 437 条)

在站内线路上检查、修理、整备车辆或进行装卸作业时，应在两端来车方向的左侧钢轨设置带有脱轨器的固定或移动信号牌(灯)进行防护，前后两端的防护距离均应不小于 20 m(图 1-1-3)；不足 20 m 时，应将道岔锁闭在不能通往该线的位置。

图 1-1-3　防护距离

旅客列车在到发线上进行车辆技术作业时，用红色信号旗(灯)进行防护，可不设脱轨器。红色信号旗(灯)的设置：

1. 机车摘挂相关作业时，在机次一位客车非站台侧设置。

2. 技术检查作业时，在机次一位客车前端非站台侧和尾部客车后端站台侧设置。车辆乘务员单班单人值乘列车，在无客列检车站进行站折技术检查作业时，仅在来车端一位客车前端站台侧设置。

3. 处理车辆故障时，在故障车辆站台侧设置。

六、试验列车自动制动机的手信号显示方式（第 444 条）

1. 制动：昼间——用检查锤高举头上；夜间——白色灯光高举[图 1-1-4(a)]。

2. 缓解：昼间——用检查锤在下部左右摇动；夜间——白色灯光在下部左右摇动[图 1-1-4(b)]。

3. 试验结束：昼间——用检查锤作圆形转动；夜间——白色灯光作圆形转动[图 1-1-4(c)]。

车站人员显示上述信号时，昼间可用拢起的信号旗代替。司机应注意瞭望试验信号，并按规定回答。

如列车制动主管未达到规定压力，试验人员要求司机继续充风时，按照缓解的信号同样显示。

昼间 夜间 昼间 夜间 昼间 夜间

（a）制动 （b）缓解 （c）试验结束

图 1-1-4 手信号显示

第二节 《铁路货车运用维修规程》有关规定

一、在作业线路上检查、修理、整备车辆作业时安全防护规定（第一百一十五条）

在作业线路上检查、修理、整备车辆作业时，应在两端来车方向的左侧钢轨上，设置带有脱轨器的固定或移动信号牌(灯)进行安全防护，前后两端的安全防护距离均应不小于 20 m，插设固定脱轨器安全防护距离不足 20 m 或固定脱轨器不能正常使用时，应使用移动脱轨器进行安全防护；防护距离不足时，应使用连接语音记录功能的通信设备通知车站将道岔锁闭在不能通往该线的位置，现场应在车列首尾车辆端部来车方向的左侧车体上设置停车信号(昼间红旗，夜间频闪红灯)进行安全防护，车列中部不得设置停车信号。在旅客列车到发线上进行列检作业时，其安全防护办法和前后两端防护距离不足 20 m 时是否锁闭道岔及道岔锁闭办法由铁路局集团公司制定。

二、列检作业摘解机车或连挂机车进行制动机试验安全防护规定（第一百一十六条）

列检作业摘解机车或连挂机车进行制动机试验时，应使用停车信号进行安全防护，停车信号应按以下规定设置：

1. 到达、中转列车摘解机车时，应在机后一位车辆前端列车运行方向左侧车体上插设停车信号，关闭机后一位车辆前端和机车的折角塞门，摘解制动软管后撤除停车信号，方可摘解机车。

2. 连挂机车进行制动机试验时，待机车与车列连挂后，在机后一位车辆前端和列车尾部最后一辆车后端列车发出方向左侧车体上插设停车信号，制动机试验结束后，及时撤除停车信号。

三、在沿线调查、处理故障和事故时安全防护规定（第一百一十八条）

在沿线调查、处理故障和事故时，要在车站登记，通知车站将道岔锁闭在不能通往调查处置线路的位置，并在车列首尾端部来车方向的左侧车体上设置停车信号进行安全防护后进行检查处理。作业结束并撤除防护信号后，通知车站。

四、热轴停车预报原则（第一百五十二条）

按照“微热跟踪，强热前方车站停车，激热立即停车”的原则，微热由系统自动跟踪。铁路局集团公司红外线调度员负责强热、激热铁路货车的预报，THDS 动态检车员负责本站人机分工、人工检查作业列车的微热预报。

五、热轴处置原则（第一百五十四条）

对铁路局集团公司红外线调度员预报的激热报警的列车，列车调度员应立即安排就地停车；机车乘务员接到就地停车的口头通知后，立即停车。

1. 列车在区间停车时，由车辆乘务员负责检查、判断和处置，无车辆乘务员的由机车乘务员判断处置。车辆乘务员或机车乘务员按照激热报警信息确定激热铁路货车编组位置和激热的轴位，并对轴承进行外观检查。当检查确认轴承外观无异状，可以继续运行时，应及时报告车站值班员并转报列车调度员，由列车调度员发布调度命令，限速不超过 25 km/h 就近运行到前方车站，或司机按照规定以限速不超过 15 km/h 退行至后方车站。当检查发现轴承变色（变蓝或变红）、冒烟、外圈破损或变形、前盖丢失或变形、外圈存在新圆周磨痕、密封罩脱出等异状时，及时报告车站值班员并转报列车调度员，启动区间激热拦停应急处理预案。区间拦停应急处理预案由铁路局集团公司制定。

2. 列车在站内停车时，停车车站有列检作业场的，由列检人员检查、处理；无列检作业场的，由车站安排将该车从列车中摘下，按规定通知车辆部门派员前往检查处理。

六、热轴检查处理原则（第一百五十五条）

对铁路局集团公司红外线调度员预报的强热报警的列车，列车调度员要立即安排列车在前方站停车并通知机车乘务员；机车乘务员根据通知在前方站停车。列车到达前方站后，停车车站有列检作业场的，由列检人员检查、处理；无列检作业场的，由车站安排将该车从列车中摘下，按规定通知车辆部门派员前往检查处理。

七、人工轴温检查规定（第一百五十九条）

人工轴温检查须使用具备数据存储功能的便携式红外线测温仪。检查部位为：无轴箱滚动轴承为轴承外圈底部、前后排滚子所处外圈相应部位的运行方向后侧；有轴箱滚动轴承为轴箱前盖里侧轴箱体上部。发现轴温异常或外观异状，须转动检查。

八、TFDS 预报拦停规定(第一百六十五条)

动态检查作业发现“通过作业 TFDS 动态检查范围和质量标准”范围内的故障和其他危及行车安全的故障,按照“先报告后提交”的原则,向铁路局集团公司红外线调度员进行预报拦停,办理拦停手续。

1. TFDS 动态检车员立即口头报告动态检车组长,由动态检车组长快速判断确认后,立即使用语音记录装置良好的直通电话将需要拦停的车次、故障铁路货车编挂位置和车种车型车号、故障等情况通知铁路局集团公司红外线调度员。

2. 铁路局集团公司红外线调度员立即使用语音记录装置良好的直通电话通知列车调度员立即安排就地停车,同时填写铁路货车运行安全监控系统拦停通知卡,送列车调度员签字确认。

3. 列车调度员接到拦停列车的信息后,立即安排列车就地停车。

4. 机车乘务员接到就地停车的口头通知后,立即停车。列车在区间停车时,由车辆乘务员负责确认,无车辆乘务员的由机车乘务员负责确认。按照拦停信息确定故障铁路货车编组位置,并确认能否继续安全运行到车站,可以继续运行的,及时报告车站值班员并转报列车调度员,根据口头指示,运行到前方车站或退行至后方车站;不能继续运行的,铁路局集团公司启动应急处置预案。列车在有列检作业场的车站停车时,由车辆段调度员通知列检作业场确认、处理;无列检作业场的,由车站安排将该故障铁路货车从列车中摘下,车辆段调度员通知列检作业场确认、处理。

5. 列检人员须将预报拦停的故障确认、处理结果反馈给列检值班员,列检值班员报车辆段调度员和动态检车组长,动态检车组长将故障处理方式、处理人、处理时间等内容,自故障发生时刻起 24 h 内录入 TFDS,车辆段调度员报铁路局集团公司红外线调度员和车辆调度员。

九、安全信息调查内容规定(第二百一十六条)

车辆段调查人员到达事故或故障发生地点后,须进行全面调查,并及时逐级汇报概况,主要内容包括:

1. 发生时间、地点、车次、始发车站,列车运行正点时分、晚点时分及甩车时间,前方列检作业情况,本铁路局集团公司沿途铁路货车运行安全监控系统探测和监测情况,以及运行、沿途甩挂情况。

2. 编组辆数、故障铁路货车的车种车型车号、定检、编挂位置、货物装载、破损部件名称、部位及破损程度,热轴故障还应记录滚动轴承标志板内容、轮轴技术状态等。

3. 有关作业记录、台账资料、管理制度等。

第三节 《中国铁路济南局集团有限公司普速铁路行车组织规则》有关规定

一、列车中编挂车辆的补充规定(第 27 条)

1. 客车不允许与 C_{63}、C_{63A} 型敞车,C_{76} 系列敞车,70 t 级货车,80 t 级及以上装用 16、17 型车钩的货车直接连挂。确需连挂时,由国铁客车配属单位或自备客车产权单位根据客车风挡型式,将连挂端橡胶风挡或铁风挡及渡板、缓冲杆予以拆除,将折棚风挡可靠收起后,翻起或拆除渡板。

列检人员发现装用16、17型车钩的货车与客车连挂不符合要求时,应通知车站调整。

2. 车端涂打"㊏"标记以及车辆结构未设有风挡或虽设有风挡但已拆除的TK系列军用自备铁路车辆可与装用16、17型车钩的货车直接连挂,且不受《铁路技术管理规程(普速铁路部分)》(以下简称《技规》)第252条关于货物列车编组位置以及客车与货车编挂的限制。

3. 使用列尾装置的货物列车,尾部最后一辆不得编挂无法安装列尾主机的车辆(特殊情况除外)。

二、列车制动主管压力和制动限速的补充规定(第36条)

1. 重载货物列车制动主管压力为600 kPa。

2. 整列客车底回送、救援旅客列车时列车制动主管压力为600 kPa。除另有规定外,军用列车中客车辆数等于或多于货车辆数时按600 kPa办理,军用列车需采用的制动主管压力由车站通知司机。其他对自动制动机主管压力有特殊要求的列车按有关规定办理。

列车制动主管定压为600 kPa的货物列车(快速货物班列除外),执行以下规定:

(1)制动主管定压为600 kPa的货物列车仅进行机车司机换乘作业时,列车维持原制动主管定压运行。

(2)制动主管定压为600 kPa的货物列车在进行机车摘解作业时,到达机车司机须将列车制动主管定压报告车站值班员,并按最大减压量(170 kPa)对列车制动主管实施减压。

①对不进行货列检人工技术作业的列车,车站值班员将到达列车制动主管定压通知换挂机车司机,司机按原列车制动主管定压维持运行。

②对进行货列检人工技术作业的列车,出发列车制动主管定压按500 kPa。遇有到达列车制动主管定压为600 kPa而始发时为500 kPa的情况,货列检人员作业时须先对车列实施管路调压,使副风缸风压降至500 kPa以下,再进行列车制动机全部试验。列车制动机简略试验时,货列检人员通知司机按最大减压量140 kPa执行。

③遇有列车在铁路局集团公司管内车站保留,交接班时,车站值班员应在交接班簿"车站停留车情况"栏内"股道"后注明该列车的制动主管定压,做好交接。制动主管定压为600 kPa的货物列车在车站保留后摘挂车辆再开时,列车制动主管定压仍按600 kPa执行。

(3)对制动主管定压为600 kPa的货物列车在站摘下的货车以及整列货车终到装卸车后再开时,列车制动主管定压按500 kPa,不再通知挂车司机列车制动主管定压。

(4)遇制动主管定压为600 kPa的货物列车在区间被迫停车请求救援时,司机须将制动主管定压通知担当救援机车司机。救援列车区间返回时制动主管定压按600 kPa;返回车站后按本条第2款执行。

三、列车中编挂关门车的补充规定(第37条)

1. 中途变更运行方向的货物列车,尾部3辆之内禁止编挂关门车。

2. 货物列车关门车超过6%时,闸瓦压力的计算和制动效能证明书的填写,有列检作业的列车由列检负责;无列检作业的列车由车站负责。

(1)闸瓦压力计算公式:每百吨列车重量的换算闸瓦压力=列车闸瓦总压力(kN)÷列车总重量(百吨)。

(2)更换机车、机车乘务组时，有列检作业的列车，列检人员应按规定重新计算闸瓦压力，并填写制动效能证明书，开车前交给司机。无列检作业的列车，更换机车时司机将制动效能证明书交给车站，由车站转交换挂机车司机；更换乘务组时由司机负责交接制动效能证明书。列车编组或关门车数量发生变化时，车站应收回制动效能证明书，重新计算闸瓦压力并填写制动效能证明书交付司机。

四、列车中车辆连挂的补充规定(第 38 条)

1. 货物列车车辆车钩防跳插销的插设，有货列检作业的列车，由货列检人员负责；无货列检作业的列车，连挂处由连挂人员负责。车钩防跳插销的撤除，由车钩摘解人员负责。机车车钩防跳插销的插设及撤除，由机车乘务员负责。

2. 货物列车车辆车钩防跳插销损坏、丢失，需更换或补装时，有货列检作业的列车由货列检人员负责，无货列检作业的列车连挂处防跳插销损坏、丢失时，由连挂人员使用备用的车钩防跳插销进行处理后，运行至前方有货列检作业场的车站，由货列检人员检查处理。车辆段应根据车务站段提出的需求计划，按季供应必要数量的车钩防跳插销。

五、列车自动制动机试验的补充规定(第 40 条)

1. 在有地面试风装置进行自动制动机全部试验的车站，有计划停用地面试风装置，必须利用本务机车进行试验时，应在停用地面试风装置的文电中明确；地面试风装置故障或临时停用，需利用本务机车进行试验时，列检人员应通知车站值班员转报列车调度员，由列车调度员安排。

2. 车站负责简略试验时，试验人员通知司机，司机采取常用制动减压 100 kPa 并保压 1 min，试验人员确认最后一辆车制动后，通知司机缓解，确认最后一辆车缓解后，通知司机试验完毕。

3. 动车组以外的列车在站停留或简略试验后超过 20 min 时(自列车停妥或简略试验完了时起至取得行车凭证时止)，应进行简略试验。军用列车和特别指定的列车停车后再开时应进行简略试验。

4. 未挂列尾装置或列尾装置故障的列车自动制动机简略试验：有列检作业的列车，由列检人员负责；无列检作业的列车，由车辆乘务员负责；无车辆乘务员的列车，在站内由车站人员负责，在区间由机车乘务组负责。

六、列车在区间被迫停车后处理的补充规定(第 128 条)

遇货物列车制动主管发生故障，而该故障车在列车尾部 10 辆及以内时，可关闭故障车前位折角塞门，司机应掌握安全速度，运行至前方站处理；如制动主管故障的车辆在列车尾部 10 辆以前，或虽在尾部 10 辆以内，但在故障车后部挂有装载爆炸品、气体类危险货物、超限货物的车辆时，应分部运行，并将故障车辆随第一次牵出时挂出。

七、货车故障轨旁图像检测系统(TFDS)运用规定(第 134 条)

1. 预报程序

(1)对不停车技术检查作业的列车，动态检车员发现符合立即拦停范围的故障时，立即口头报告动态检车组长，由动态检车组长快速判断确认后，立即使用录音电话将需要拦停的车次及故障货车编挂位置、车种、车型、车号、故障等情况通知铁路局集团公司监测站红外线调度员，监测站红外线调度员立即使用直通电话通知列车调度员安排立即停车，并及时通知车辆调度员。

(2)对不停车技术检查作业的列车，动态检车员发现符合前方最近车站停车确认处理范围的货车故障时，立即口头报告动态检车组长，由动态检车组长快速判断确认后，立即使用录音电话将需要停车确认处理的车次及故障货车编挂位置、车种、车型、车号、故障等情况通知铁路局集团公司监测站红外线调度员，监测站红外线调度员使用直通电话通知列车调度员安排前方最近车站停车，并及时通知车辆调度员。

2. 处置要求

列车调度员接到拦停或停车的信息后，立即安排列车停车；机车乘务员接到 TFDS 预报停车的通知后，采用常用制动停车。

(1)列车在区间停车时，由车辆乘务员负责确认，无车辆乘务员的由机车乘务员负责确认，按拦停信息准确确定故障铁路货车编组位置，并确认能否继续安全运行到车站，可继续运行的，及时报告车站值班员并转报列车调度员，按列车调度员的安排运行到前方车站或退行至后方车站；不能继续运行的，及时报告车站值班员(列车调度员)，车站值班员报告列车调度员，列车调度员通知铁路局集团公司车辆调度员，由车辆调度员通知车辆段安排货列检人员赶赴现场进行处理。

(2)列车在有货列检作业场的车站停车时，由车辆段调度员通知货列检人员确认、处理；无货列检作业场的，由车站安排甩车处理。

八、事故、故障车辆检查和回送的补充规定(第 135 条)

1. 事故、故障车辆检查的补充规定

(1)车辆在站内发生冲撞、脱轨时，车站必须通知列检检查(车辆在地方铁路、岔线发生冲撞、脱轨时，及时通知车站转告列检检查)。无列检人员的车站，应及时报告列车调度员转告车辆段调度员派人检查。

列车在运行途中发生车辆事故、故障或车辆运行安全监控系统预报车辆故障在无列检作业场的车站甩车后，车站值班员通知列车调度员，列车调度员转报车辆调度员，车辆调度员通知车辆段调度员。

(2)列车在运行途中发生车辆故障或事故，到达有列检作业场的车站后，对有列检作业的列车，司机应通知列检；无列检作业的列车，司机应通知车站，车站通知列检。如系自动制动机发生故障时，司机应会同列检用本务机车试验，并做成记录。

列检人员及车辆段调度员接到对事故、故障车辆检查的通知后，应派胜任人员，对事故、故障车辆进行技术鉴定处理。

2. 事故、故障车辆回送办法

(1)回送时，车辆人员对车辆进行整修后，按规定插设色票，通知本列检作业场值班员在货车技术管理信息系统填写检修车回送单(车统—26)并上传，车站收到车统—26 后应及时签收。需人工传递车统—26 时，填写车统—26[一式三份，一份自存，两份交车站(其中一份随车回送)]。

(2)回送的车辆有编挂位置、限速等特殊要求时，车辆人员应在车统—26 中注明。

(3)正常情况下，回送检修车，由车站报请列车调度员安排回送，回送计划安排后，车站通知填发车统—26的列检作业场。铁路货车运用维修规定有限制条件的，车辆段调度员上报铁路局集团公司车辆调度员，由车辆调度员向列车调度员申请挂运，列车调度员须按规定发布调度命令。

(4)回送的故障车辆，原则上应挂于列车尾部，并按《技规》第262条办理。

(5)10辆及以上的事故车辆，需一起连挂回送时，应按专列办理，车辆段须派列检人员护送。

九、动车组以外的列车运行途中发生车辆抱闸时处置的补充规定(第151条)

1. 拦停要求

列车运行途中，车站有关人员(其他部门人员发现时，通知车站)发现货物列车车辆走行部有冒火、冒烟，车轮、闸瓦发红，车轮抱死、滑行，剧烈振动等严重抱闸情形时，要呼叫司机在就近合适地点停车。发现货物列车车辆有零星冒火星或冒火花、异响等一般抱闸情形时，通知司机在前方站停车。

司机接到通知后，使用常用制动停车，并将有关情况及时报告车站值班员或列车调度员，如在前方站停车，由列车调度员通知前方站。

2. 处置要求

(1)对区间停车的列车，司机对预报抱闸车辆进行确认(单班单司机值乘的列车，有列检作业场的车站由列检作业场派人进行确认，无列检作业场的车站由车站派人进行确认)，确认车辆无抱闸迹象的，列车正常运行；确认为抱闸故障时，要关闭截断塞门，拉缓解阀排尽副风缸余风，确认缓解，列车按限速60 km/h运行至前方站。

(2)对在车站停车的列车中预报抱闸的车辆，有列检作业场的，由列检作业场负责确认处置，没有列检作业场的，由车站会同司机(单班单司机由车站)负责确认。确认车辆无抱闸迹象的，列车正常运行。在无列检作业场的车站，确认车辆为抱闸故障时，车站要关闭截断塞门，拉缓解阀排尽副风缸余风。对关门车符合规定且车辆车轮踏面擦伤、缺损无过限的列车，正常运行；关门车不符合规定或车辆车轮踏面擦伤、缺损过限的以及车站人员不能判断时，将抱闸车辆及时摘下，并通知车辆部门派员处理。对抱闸车辆摘下后的列车，要及时安排列车开行。

(3)检查处置完毕，及时汇报列车调度员，由列车调度员安排列车运行。

(4)列检作业场接到车辆抱闸的通知后，要立即安排人员赶赴现场，组织处理。

(5)铁路局集团公司红外线调度员发现THDS预报疑似抱闸货车，立即报告列车调度员，由列车调度员安排在前方站停车，按本条第(2)～(4)项规定执行。

十、在站内线路上检查、修理、整备车辆或进行装卸作业时安全防护的补充规定(第164条)

1. 在旅客列车到发线上原则上不安排进行货物列车技术作业，特殊情况需在旅客列车到发线上作业时，须事先征得车站同意，在车列首尾车辆两端来车方向左侧设置停车信号(昼间红旗，夜间频闪红灯)，在设置停车信号前，车辆人员应通知车站将道岔锁闭在不能通往该线的位置，作业完毕，车辆人员撤除停车信号后，通知车站解锁道岔；车站在锁闭、解锁道岔后通知列检人员，列检人员在列车技术检查记录簿（车统—14）上注明车站锁闭、解锁时间。

2. 其他规定

（1）货物列车到达摘机后，在线路有效长允许的条件下，机车应运行至车列端部 30 m 以外（设置的脱轨器距机车需有 10 m 的距离，因故不足 10 m 时，应向司机说明），不得影响列检作业。

（2）利用机车进行列车自动制动机试验，在到达机车摘解前或始发列车机车连挂后，车辆作业人员须与司机联系不得动车，按规定设置停车信号（机次 1 位车辆设置的停车信号，旅客列车在非站台侧、货物列车在列车运行方向左侧）。机车连挂设置停车信号的车辆时，不得有压钩及其他移动车辆的情况。

第四节 《中国铁路济南局集团有限公司铁路货车运用工作管理细则》有关规定

一、沿途技术检查、故障处理、行车设备信息和事故应急调查处置安全防护补充规定（第 54 条）

在无列检作业场的车站进行列车技术检查、故障处理、应急调查处置时，作业人员到达车站后，派专人到车站行车室。在站人员在车站行车设备检查登记簿登记，通知车站将道岔锁闭在不能通往作业线路的位置，然后通知现场作业人员可以作业或对故障货车进行调查处理，并在车站负责联系工作，掌握列车运行情况，及时通知现场作业人员。现场由两头作业人员在车列首尾车辆端部来车方向左侧车体上插设停车信号进行防护，不插设移动脱轨器；如挂有本务机车时，由两头作业人员在列车首尾车辆端部运行方向左侧车体上插设停车信号，不插设移动脱轨器，前方作业人员通知机车乘务员“不得动车”，并用录音笔或摄像手电做好录音、录像，同时加强与在站人员的联系。作业或故障处理时，现场人员接到邻线来车通知后，须立即停止作业、到安全位置避让。作业或故障处理中严禁侵入邻线机车车辆界限，严格执行互控制度。作业或故障处理完毕撤除停车信号后，前方作业人员通知机车乘务员，并通知在站人员，由在站人员在车站行车设备检查登记簿内销记。

在区间线路上应急调查处置时，车辆段派专人到通知车站或就近车站进行登记。调查处理人员到达现场与本务机车乘务员联系后，设专人进行安全防护，在列车首尾车辆端部运行方向左侧车体上插设停车信号，前方作业人员告知机车乘务员“不得动车”，并用录音笔或摄像手电做好录音、录像。现场防护人员须时刻监视邻线来车情况，发现邻线来车时，立即组织现场人员停止作业、共同到安全位置避让。作业时严禁侵入邻线机车车辆界限，严格执行互控制度。故障处理完毕撤除停车信号后，前方作业人员通知机车乘务员，并到车站销记。

二、故障车回送整修补充规定（第 58 条）

对回送的故障车编入列车前应整修，保证回送途中运行安全，必要时派员护送。

1. 回送故障车整修标准

走行部：配件破损不危及行车安全。

车钩缓冲装置:不因配件破损造成列车分离。

制动装置:破损配件捆绑牢固。

车体:不超出机车车辆限界,配件不脱落。

2. 回送车辆主管不通无法修复时,车辆段调度员须向铁路局集团公司车辆调度员申请挂运,调度所安排挂运,挂运时须编挂于列车尾部第一辆,连结制动软管,开放列车尾部第二辆运行方向后端折角塞门,关闭回送车运行方向前端折角塞门。

3. 回送车辆自动制动机不起作用时,须采取防止车钩分离的措施;需限速运行时,应由车辆专业技术人员鉴定,由车辆段调度员上报铁路局集团公司车辆调度员申请限速。

三、区间激热拦停应急处理补充规定(第68条)

对铁路局集团公司红外线调度员预报的激热报警的列车,列车调度员要立即确定车次并安排列车就地停车;机车乘务员接到就地停车的口头通知后,采用常用制动立即停车。

1. 列车在区间停车时,由车辆乘务员负责检查、判断和处置,无车辆乘务员的由机车乘务员判断处置。车辆乘务员或机车乘务员按照激热报警信息确定激热铁路货车编组位置和激热的轴位,并对轴承进行外观检查。

2. 当检查确认轴承外观无异状,可以继续运行时,机车(车辆)乘务员要及时报告车站值班员并转报列车调度员,由列车调度员发布调度命令,限速25 km/h就近运行到前方站,或司机按规定以限速不超过15 km/h退行至后方站。当停靠站有列检作业场的,由列车调度员通知车辆调度员安排列检人员进行现场检查、处理;当停靠站无列检作业场的,进行甩车处理,由列车调度员通知车辆调度员安排列检人员进行现场检查、处理。

3. 当检查发现轴承变色(变蓝或变红)、冒烟、外圈破损或变形、前盖丢失或变形、外圈存在新圆周磨痕、密封罩脱出等异状时,机车(车辆)乘务员要及时报告车站值班员并转报列车调度员,列车调度员通知车辆调度员安排列检人员进行现场检查、处理。

4. 若列车在站内停车且所在站有列检作业场的,由列车调度员通知车辆调度员安排车辆段派列检人员前往检查、处理;若列车在站内停车,但所在站无列检作业场的,进行甩车处理,由列车调度员通知车辆调度员安排车辆段派列检人员前往现场检查、处理。

四、TFDS动态检查发现危及或影响行车安全的故障处置补充规定(第71条)

TFDS动态检车员进行货物列车通过作业时,发现危及或影响行车安全的故障时,应按预报立即拦停确认处理、预报前方最近车站停车确认处理、预报前方技术作业货车列检(动态检查)作业场确认处理三种方式处置。

1. 预报立即拦停确认处理故障

TFDS动态检车员发现下列故障,立即口头报告动态检车组长,由动态检车组长快速判断确认后,立即使用直通录音电话通知铁路局集团公司红外线调度员,办理拦停手续。立即拦停确认处理故障范围如下:

滚动轴承轴箱破损;轴承前盖丢失;轴端螺栓全部丢失;摇枕、侧架、一体式构架、副构架折断;心盘脱出;钩尾框折断;安全托板、钩尾框托板、钩尾销托梁脱落;钩提杆脱落;脱轨自动制动装置拉环脱落;折角塞门、直端塞门关闭(列尾端未挂列尾装置的除外);制动缸、副风缸、加速缓解风缸、容积风缸、降压风缸、缓解阀拉杆脱落;制动梁、上拉杆、下拉杆折断、脱落；下拉杆圆销丢失；车门、端板、渡板脱落等其他直接危及行车安全的铁路货车故障。

TFDS预报拦停确认的铁路货车，在区间经确认不能继续运行的，及时报告列车调度员，列车调度员须及时通知车辆调度员，由车辆调度员通知车辆段启动故障应急处置预案，并安排故障处理人员以最快的方式赶往停车地点处理车辆故障，快速开通区间。

2. 预报前方最近车站停车确认处理故障

TFDS动态检车员发现下列故障，立即口头报告动态检车组长，由动态检车组长判断确认后，通过直通录音电话通知铁路局集团公司红外线调度员，红外线调度员使用直通电话通知列车调度员安排前方最近车站停车，同时填写铁路货车运行安全监控系统拦停通知卡送列车调度员签字确认。前方最近车站停车确认处理故障范围如下：

轴端螺栓未全部丢失；承载鞍错位；交叉支撑装置盖板及交叉杆体折断，交叉杆端部螺栓丢失；轴箱、摇枕弹簧丢失；钩尾销插托错位，螺母丢失；钩尾销安全吊螺栓、螺母丢失；车钩托梁折断；折角塞门、直端塞门半开状态；制动梁支柱圆销、开口销、拉铆销套环丢失；下拉杆圆销开口销丢失；人力制动机轴链、折叠式人力制动机轴脱落；重车地板、浴盆板破损故障等影响行车安全，但经判断能安全运行到前方最近车站的铁路货车重点故障。

3. 预报前方技术作业货车列检（动态检查）作业场确认处理故障

TFDS动态检车员发现通过作业TFDS动态检查范围故障时，经判断能安全运行到下一个停车作业货车列检作业场或动态检查作业场时，由动态检车组长对预报故障确认，将车次、车号、辆序、故障方位、部位及名称等情况向列检值班员报告，由列检值班员负责向前方列检作业场值班员预报故障信息，对预报故障和故障处理反馈情况在铁路货车运行安全监控系统预报信息确认情况记录簿上做好记录，并反馈给动态检车组长。

列检值班员接到预报信息后，通知现场检车员确认、处理，将确认、处理情况做好记录，并向预报列检反馈。

第五节 《中国铁路济南局集团有限公司铁路货车运行安全监控系统运用管理细则》有关规定

一、THDS预报货车疑似抱闸预报处置（第54条）

货车疑似抱闸分为两级预报，一级为拦停故障，由铁路局集团公司调度所红外线调度员负责按照《中国铁路济南局集团有限公司普速铁路行车组织规则》第151条规定进行预报，车辆段按规定进行调查处置；二级为跟踪检查故障，由HMIS轮轴子系统推送至列检作业场，列检值班员按规定进行预报处置，现场须实施制动机进行持续一定时间全部试验，列检工长到位，组织认真确认并查找故障原因，按规定处置，列检作业场比照抱闸车辆信息调查处置要求留存相关资料。

二、铁路货车运行安全监控系统预报轴承及车轮位置确认规定

1. 按运行方向定位方式

按车辆运行方向定义轴位，左侧的四个轴承从前向后依次定义为左1～左4，右侧的四个轴承从前向后依次定义为右1～右4，如图1-5-1所示。

轴位定义与标签安装位置无关。当车辆结构一位端在运行前方时，右 1 为车辆结构 1 位，左 1 为车辆结构 2 位，右 2 位车辆结构 3 位，以此类推；当车辆结构二位端在运行前方时，右 1 为车辆结构的 8 位，左 1 为车辆结构 7 位，右 2 为车辆结构的 6 位，以此类推。

2. 按标签定位方式

将车辆端部距离标签较近的一端定义为名义一位端，另一端为名义二位端。从名义二位端看向名义一位端，距离名义一位端最近的第 1 根车轴的右侧轴承定义为 A1，左侧轴承定义为 A2，第 2 根车轴的右侧轴承定义为 A3，左侧轴承为 A4，以此类推，如图 1-5-2 所示。

轴位定义与车辆运行方向无关。当标签安装在车辆结构的一位端时，A1～A8 与车辆结构 1～8 位正序对应；当标签安装在车辆结构的二位端时，A1～A8 与车辆结构 8～1 位反序对应。

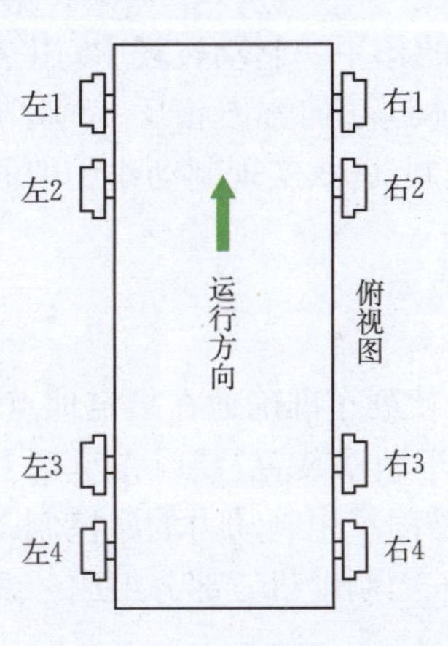

图 1-5-1 运行方向定位

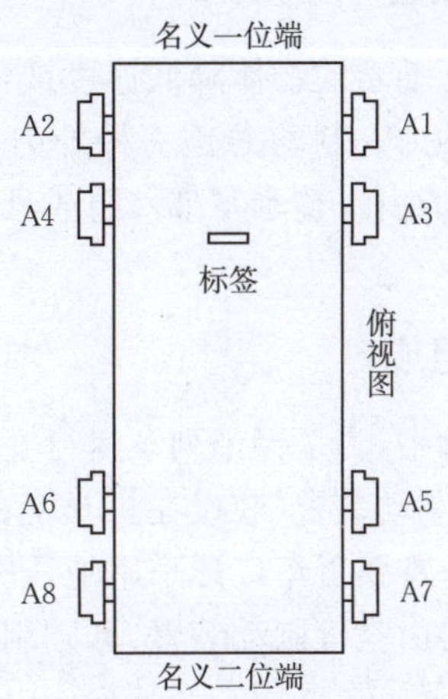

图 1-5-2 标签定位

第二章　常见制动故障应急处置

第一节　制动装置

一、基本原理

制动是使运动着的物体降低速度或停止运动的作用。制动过程中，用来阻止物体运动的阻力叫作制动力。制动力是一种外力，它与物体运动的方向相反。为了施行制动，在机车、车辆上装设的由一整套零部件组成且能够产生制动力、实现制动作用的装置称为制动装置或制动机。

二、基本组成

在铁路运输中，为了保证列车运行安全、正点，使列车准确地在指定地点停车，均需在机车、车辆上装设制动装置(装设在机车上的称为机车制动装置，装设在车辆上的称为车辆制动装置)。目前，铁路货车广泛采用闸瓦压紧车轮踏面产生制动力的摩擦制动方式。铁路货车制动装置主要由空气制动装置、基础制动装置、人力制动机三部分组成。

第二节　传统制动与集成制动

制动装置是铁路货车重要组成部分，按照结构的不同可分为传统制动系统和集成制动系统。

一、传统制动系统

铁路货车传统制动系统是将制动缸安装在车体上，减压制动形成推力，通过基础制动装置的杠杆、拉杆传递到闸瓦与车轮间从而产生制动力。传统制动装置主要具有以下特点：一是制动装置组成及结构原理相对简单，无复杂结构，便于日常维修保养和故障处理；二是利用杠杆原理可以将空气制动机或人力制动机所产生的制动原力，经过各杠杆、拉杆的作用，扩大适当倍数后再均匀传到闸瓦上。传统制动系统的空气制动装置主要包括120(120-1)型控制阀、KZW系列空重车自动调整装置、制动缸及储风缸等。空气制动装置如图2-2-1所示。

二、集成制动系统

铁路货车集成制动系统目前有BAB型和DAB型两种，主要由制动缸、闸调器、制动梁、推杆、制动杠杆等组成。相对于传统制动装置，集成制动装置具有以下特点：一是集成制动装置部件少，降低车辆自重；二是传动效率高，可节约压缩空气消耗；三是装配方便、快捷；四是装车、运用及车轮旋修后无须调整操作，适应性好；五是可沿用传统制动梁、防脱等转向架基础制动基本结构，继承性好。

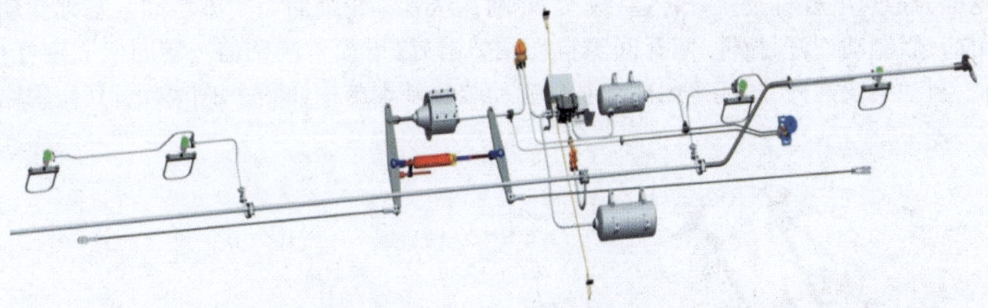
图 2-2-1 空气制动装置

集成制动装置已在 JSQ_6 型小汽车运输车、C_{80}(H)型铝合金运煤敞车、C_{96}(H)型运煤专用敞车等货车上批量使用。BAB 型集成制动装置、DAB 型集成制动装置分别如图 2-2-2、图 2-2-3 所示。

图 2-2-2 BAB 型集成制动装置

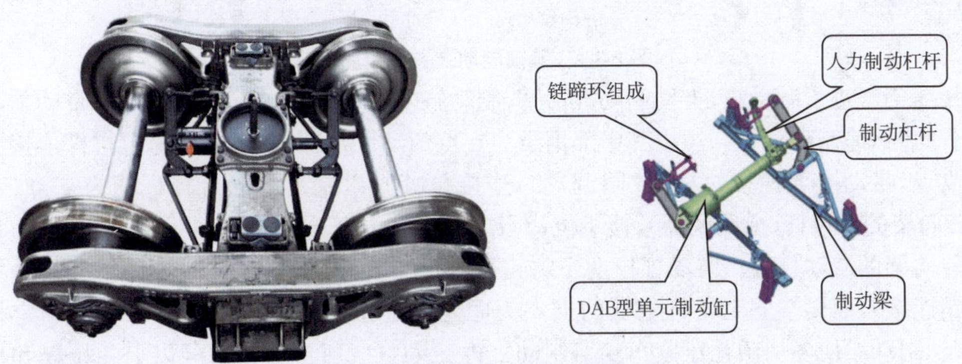

图 2-2-3 DAB 型集成制动装置

第三节 基础制动装置

一、基本组成及作用原理

基础制动装置是铁路货车制动装置组成部分之一，由制动缸活塞推杆、闸瓦以及一系列杠杆、拉杆、制动梁等传动部分(包含闸瓦间隙自动调整器)所组成的装置，主要作用是将制动缸的推力通过各杠杆及拉杆传递、放大，使闸瓦压紧车轮踏面而实施制动。基础制动装置主要由前、后制动杠杆、拉杆、闸瓦间隙自动调整器（以下简称闸调器）、转向架固定杠杆、移动杠杆、制动梁及推杆、闸瓦等组成。基础制动装置基本结构如图 2-3-1 所示，其作用原理如图 2-3-2 所示。

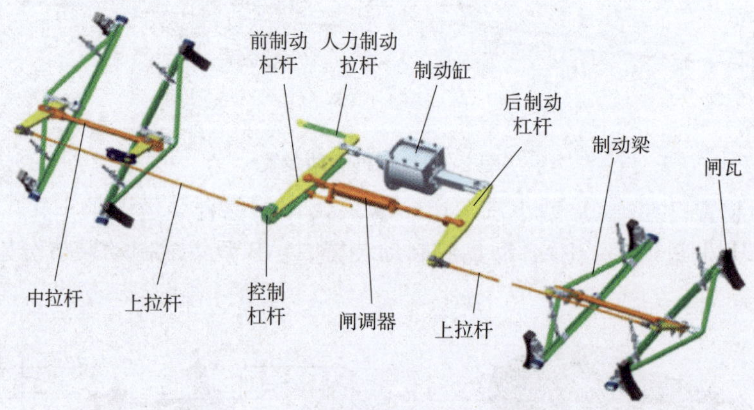

图 2-3-1　基础制动装置基本结构

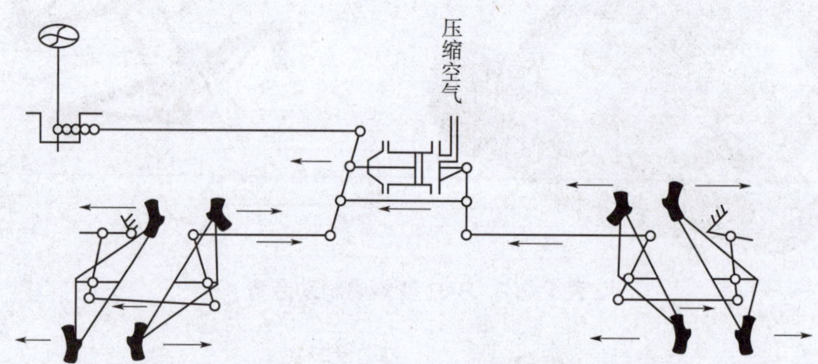

图 2-3-2　基础制动装置作用原理

压缩空气进入制动缸，推动制动缸活塞，制动缸活塞杆伸出，推动活塞推杆，带动前制动杠杆。此时，前制动杠杆一边以其中部销子为支点牵动上拉杆，同时又以与上拉杆连接的圆销为支点，带动中部连接拉杆（或闸调器），连接拉杆则以制动缸固定杠杆托为支点，牵动2 位转向架的上拉杆（或闸调器），使 1 位、2 位转向架上拉杆同时向车辆中部移动，将力传至两个转向架的游动杠杆。游动杠杆的下端销孔与下拉杆用圆销连接（或中部销孔与中拉杆用圆销连接），而两端固定杠杆上端的支点为固定销连接。当力传至游动杠杆和固定杠杆时，带动制动梁使各块闸瓦压紧车轮。制动缸内压缩空气所产生的力经以上各拉杆和杠杆传至各块闸瓦，压紧车轮产生制动作用。

当制动缸内压缩空气向外排出时，制动缸活塞在缓解弹簧的弹力作用下被推回原位，各拉杆、杠杆、制动梁等也在缓解弹簧作用力和制动梁重力的作用下，恢复到原来位置，闸瓦离开车轮，产生缓解作用。

二、主要结构

1. 闸调器

ST 系列闸调器为拉伸式双向调节闸调器，在铁路货车上广泛应用。在受到拉力情况下，通过闸调器的筒体和挡铁间相对位置的变化，调整闸调器的长度，从而弥补闸瓦与车轮磨耗，保持制动缸行程基本不变。目前，ST 系列闸调器包含 ST1-600 型（图 2-3-3）和 ST2-250 型（图 2-3-4）、YST-280 型（图 2-3-5）、YST-120 型（图 2-3-6）闸调器。ST1-600 型和 ST2-250 型闸调器是我国铁路货车的主型闸调器，构造、作用原理一样，其区别是安装位置和螺杆的工作长度（*L* 值）不同（ST1-600 型闸调器的 *L* 值为 600 mm，ST2-250 型闸调器的 *L* 值为 250 mm）。ST1-600 型闸调器安装于货车 1 位上拉杆处，ST2-250 型闸调器安装于货车的制动缸前后杠杆之间。YST-280 型和 YST-120 型闸调器是转向架集成制动装置的主型闸调器，两者结构相似，同样适用于轮径 840 mm 的车轮，区别在于行程不同（YST-280 型闸调器行程为 280 mm，YST-120 型闸调器行程为 120 mm）。

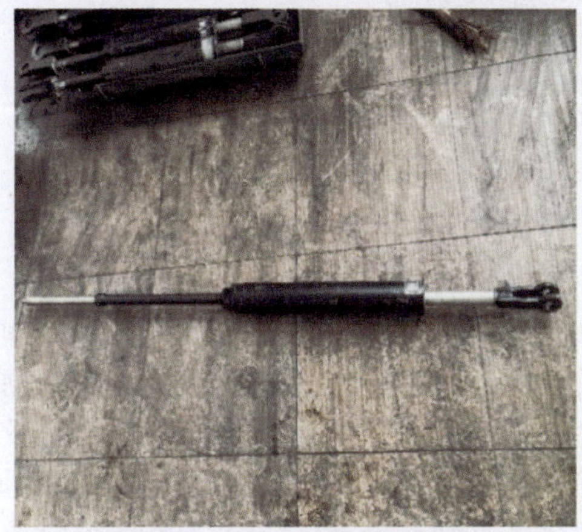

图 2-3-3 ST1-600 型闸调器

图 2-3-4 ST2-250 型闸调器

图 2-3-5 YST-280 型闸调器

图 2-3-6 YST-120 型闸调器

2. 制动梁

制动梁为制动机承受各杠杆扩大后的负荷将闸瓦压紧车轮的主要部件。由于车辆的载重量不同，导致制动力大小不同，对制动梁的强度要求不同，所以可将制动梁分为槽钢制动梁和组合式制动梁。组合式制动梁已在提速货车、新造货车上广泛装用，可与原有的槽钢制动梁互换，较好地解决了制动梁运用中存在的惯性质量问题。货车组合式制动梁主要有 L-A 型、L-B 型和 L-C 型制动梁。目前在用的主型制动梁是 L-B 型，如图 2-3-7 所示。

图 2-3-7　L-B 型制动梁

3. 闸瓦

闸瓦是铁路货车制动系统的最终执行部分，借助制动梁推力与车轮踏面摩擦，产生制动力使列车减速或停车。铁路货车使用的闸瓦按材质可分为铸铁闸瓦和合成闸瓦。铸铁闸瓦可分为灰铸铁闸瓦、中磷铸铁闸瓦、高磷铸铁闸瓦和合金铸铁闸瓦，合成闸瓦按摩擦系数高低可分为高摩合成闸瓦和低摩合成闸瓦。同一货车应使用同一类型的闸瓦，不得混用。高摩合成闸瓦主要有 HGM-A 型高摩合成闸瓦（闸瓦厚度为 45 mm）、HGM-B 型高摩合成闸瓦（闸瓦厚度为 45 mm）、HGM-D 型高摩合成闸瓦（闸瓦厚度为 45 mm）、GM915D 型高摩合成闸瓦（闸瓦厚度为 50 mm）四种。目前在用的主型闸瓦为 HGM-B 型和 GM915D 型高摩合成闸瓦，如图 2-3-8、图 2-3-9 所示。

图 2-3-8　HGM-B 型高摩合成闸瓦

图 2-3-9 GM915D 型高摩合成闸瓦

第四节 空气制动装置

一、基本组成及作用原理

空气制动装置是以压缩空气作为原动力，通过空气压力变化实现铁路货车制动和缓解作用，主要由控制阀(或分配阀)、空重车自动调整装置(测重机构、限压阀组成)、脱轨自动制动装置(制动阀、拉环、塞门等)、制动缸、储风缸(副风缸、降压风缸和加速缓解风缸)、制动软管、折角塞门、截断塞门、集尘器及管系等组成，如图 2-4-1 所示。

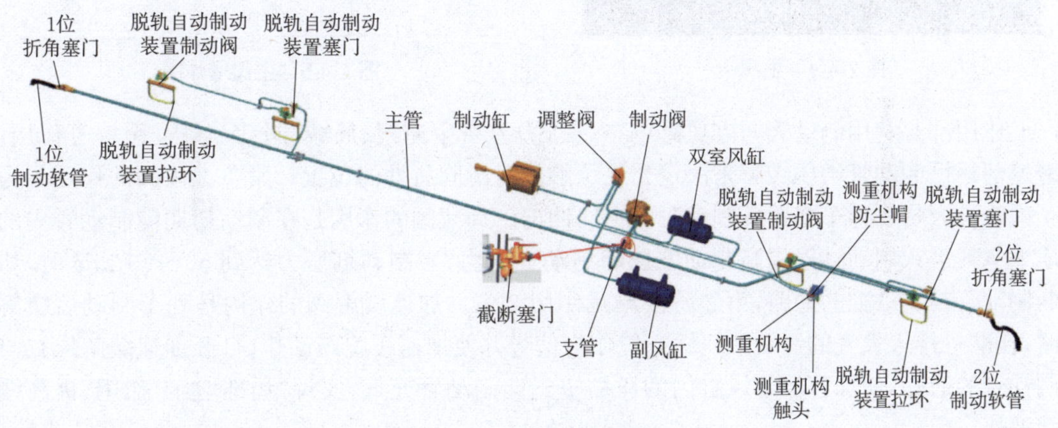

图 2-4-1 空气制动装置结构

二、主要结构

1. 控制阀

控制阀是通过空气压力变化，控制主活塞动作实现车辆制动、缓解与保压功能，主要由主阀、中间体、紧急阀和缓解阀等四部分组成。铁路货车主型控制阀有 120 型和 120-1 型两种。120 型控制阀及其装车示意如图 2-4-2、图 2-4-3 所示。

图 2-4-2　120 型控制阀

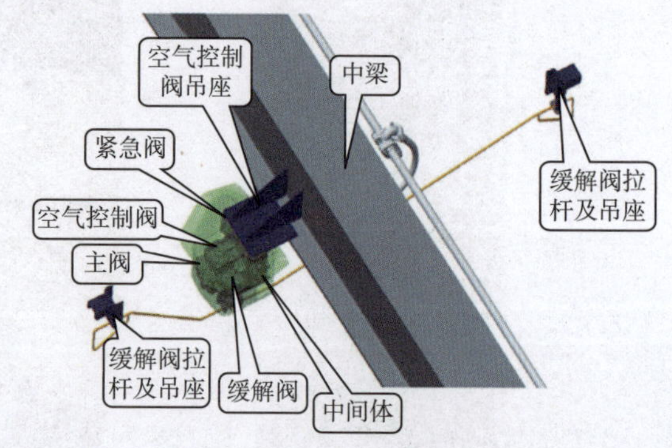

图 2-4-3　120 型控制阀装车示意

(1)主阀

主阀控制着充气、缓解、制动、保压等作用,是控制阀中最主要的部分,由作用部、减速部、局减阀、加速缓解阀和紧急二段阀等五部分组成,如图 2-4-4、图 2-4-5 所示。

图 2-4-4　主阀

图 2-4-5　主阀爆炸图

作用部是利用制动管与副风缸的空气压力差产生充气、局减、制动、保压、缓解等作用。减速部根据制动管增压缓解来决定充气缓解位时滑阀所处的位置。紧急二段阀的作用是为了减轻长大货物列车在紧急制动时的纵向冲击。局减阀的作用是在制动初期使制动管内的压缩空气进入制动缸以提高制动波速和制动缸压力,当制动缸压力达到 50～70 kPa 时,切断制动管与制动缸的通路,第二阶段局减作用结束。加速缓解阀的作用是列车制动后缓解时,让准备排入大气的制动缸压缩空气作为信号并使加速缓解阀动作,打开加速缓解风缸与制动管的通路,使加速缓解风缸内的压缩空气向制动管充气,实现“局部增压”作用,提高缓解波速。

(2)中间体

中间体用于安装主阀和紧急阀,连通制动管、副风缸、制动缸、加速缓解风缸与主阀及紧急阀的各个气路。中间体内有 2 个空腔,分别为 1.5 L 的紧急室和 0.6 L 的局减室。主阀安装面的制动管孔内装有滤尘器,副风缸、制动缸、加速缓解风缸孔内分别装有滤尘网。中间体如图 2-4-6 所示。

(3)半自动缓解阀

半自动缓解阀的作用是手动排出制动缸的压缩空气,使制动机缓解。通过拉动位于车体两侧任一侧的缓解阀拉手后,便可带动缓解手柄向一侧倾斜,此时,只要制动缸压缩空气一开始排出,就可以松开拉手,制动缸压缩空气会自动地排完;也可一直拉着缓解阀手柄,使副风缸、制动缸、加速缓解风缸、制动管等整个制动系统的压缩空气全部排尽,大大方便调车作业,节省压缩空气。半自动缓解阀如图 2-4-7 所示。

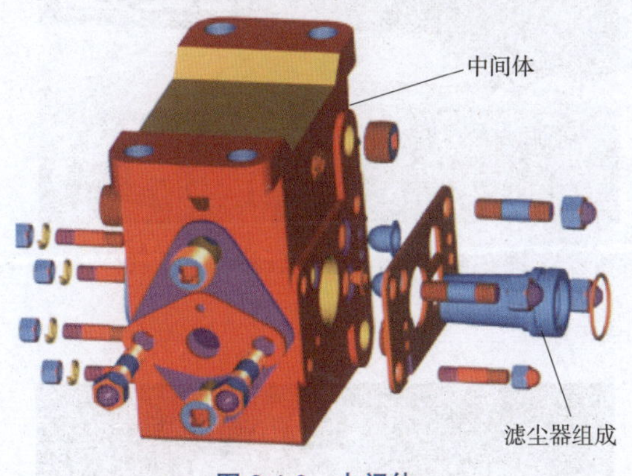

图 2-4-6　中间体

图 2-4-7　半自动缓解阀

(4)紧急阀

紧急阀是为了提高紧急制动时制动管的排气速度,提高紧急制动灵敏度和紧急制动波速,使紧急制动作用可靠。紧急阀及其爆炸图如图 2-4-8、图 2-4-9 所示。

图 2-4-8　紧急阀

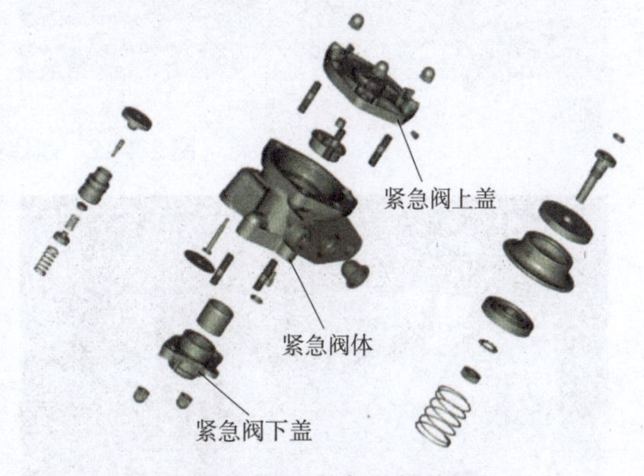

图 2-4-9　紧急阀爆炸图

2. 空重车自动调整装置

铁路货车空重车自动调整装置可根据铁路货车载重在一定范围内自动、无级调整制动缸的压力,明显缩小铁路货车从空车至重车不同载重状态下的制动率变化,从而有效改善铁路货车制动性能。目前在用的主型空重车自动调整装置是 KZW-A 型和 TWG-1 型。

(1)KZW-A 型空重车自动调整装置

KZW-A 型空重车自动调整装置适用于目前我国轴重 21 t、23 t、25 t 采用转 K2 型、转 K4 型、转 K5 型、转 K6 型转向架的货车,并可适用于总重 130 t 以下的货车。

KZW-A 型空重车制动系统由横跨梁、测重机构(C-A 型传感阀、支架、抑制盘、复位弹簧、触头)、限压阀组成(X-A 型限压阀、阀管座)及相应管路连接而成。X-A 型限压阀结构及其装车示意如图 2-4-10、图 2-4-11 所示。

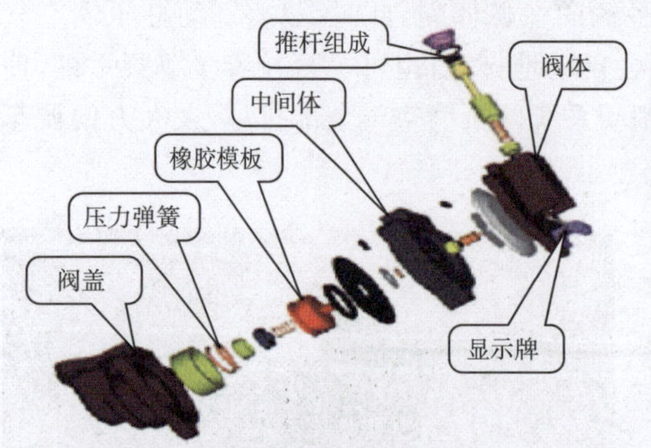

图 2-4-10 X-A 型限压阀结构

图 2-4-11 X-A 型限压阀装车示意

限压阀空重车状态显示如图 2-4-12、图 2-4-13 所示。

(a)重车状态

(b)空车状态

图 2-4-12 限压阀重车、空车状态

(a)

(b)

图 2-4-13 限压阀半空半重状态

当车辆产生制动作用时,由空重车自动调整装置中的传感阀来控制送入制动缸压缩空气量的多少,从而达到控制闸瓦压力的大小,使车辆得到相应的制动力。测重机构装车及结构示意如图 2-4-14 至图 2-4-16 所示。

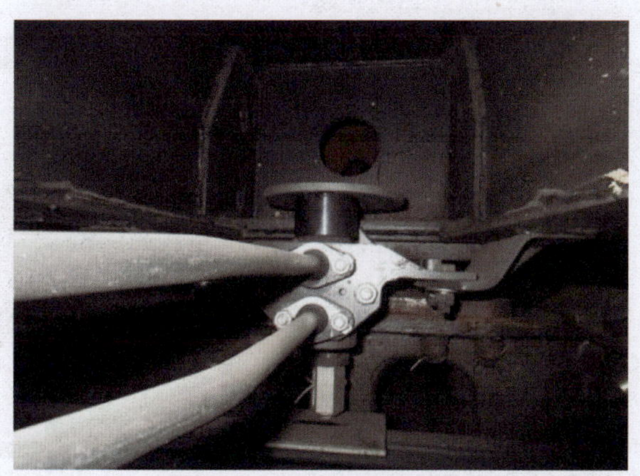

图 2-4-14 测重机构装车示意

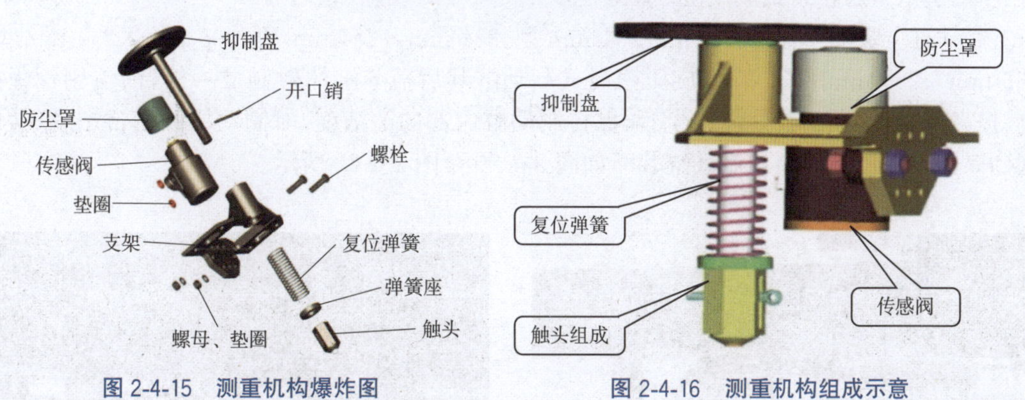

图 2-4-15 测重机构爆炸图

图 2-4-16 测重机构组成示意

车辆空车时，抑制盘坐落在支架的导管顶端，作为空车时 C-A 型传感阀称重的基准；当车辆装载时，抑制盘触头与横跨梁接触后，其与基准板（横跨梁）的相对高度不变，又作为车辆装载时传感阀称重的基准。C-A 型传感阀剖视图如图 2-4-17 所示。

横跨梁采用型钢压制而成，起支承抑制盘的作用，其结构如图 2-4-18 所示。横跨梁安装在转向架侧架内侧，制动梁上方，与摇枕平行；两端支撑在转向架侧架的横跨梁托上，其间设有耐磨垫，用螺栓定位，定位螺栓的槽形螺母留有 3～5 mm 间隙，用开口销固定，可使横跨梁在侧架上左右移动。

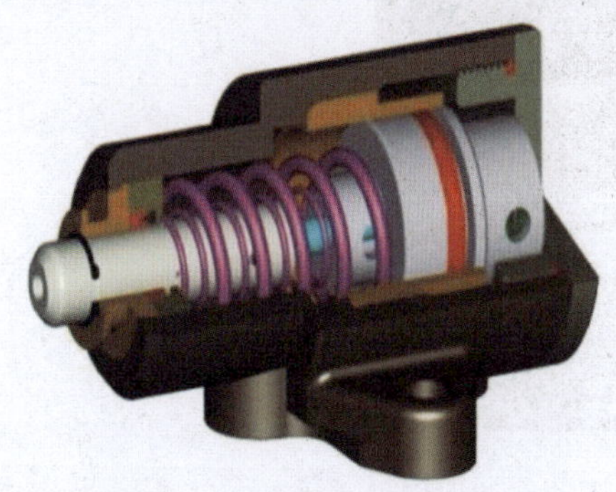

图 2-4-17 C-A 型传感阀剖视图

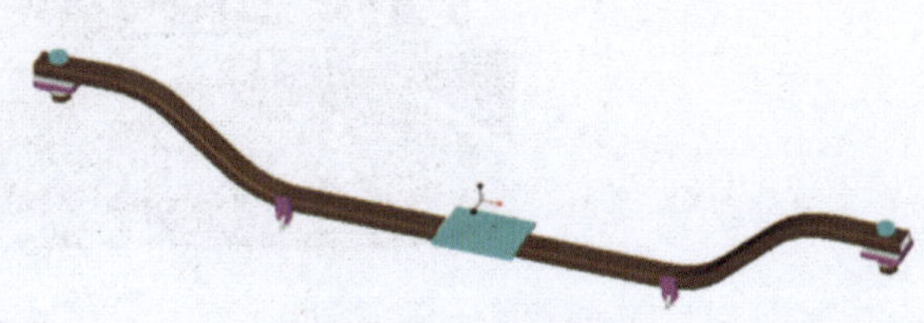

图 2-4-18 横跨梁

(2)TWG-1 型空重车自动调整装置

TWG-1 型空重车自动调整装置由 T-1 型调整阀和 WG-1 型传感阀两部分组成，如图 2-4-19 所示。

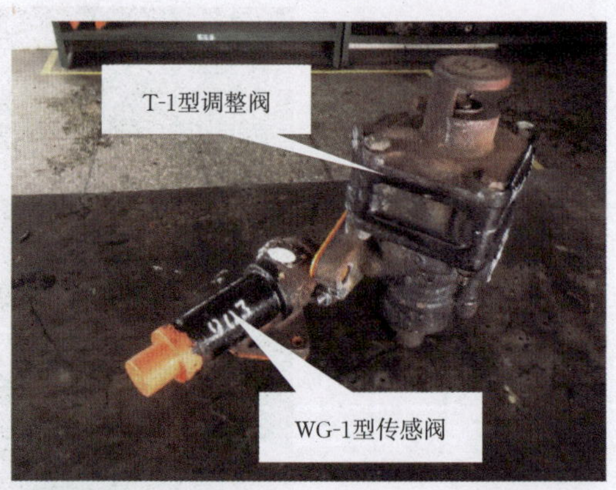

图 2-4-19　TWG-1 型空重车自动调整装置

3. 制动缸

制动缸是将作用于制动缸活塞上的压缩空气经基础制动装置传到闸瓦上，使之产生制动作用的部件。制动缸主要由缸体、活塞、缸座、缓解弹簧及前盖等构成。

常用制动缸的种类有：普通式制动缸、密封式制动缸、密封盖式制动缸、旋压密封式制动缸、主动润滑旋压密封式制动缸。

制动缸主要型号有：203 mm×254 mm 型、254 mm×254 mm 型、305 mm×254 mm 型、356 mm×254 mm 型。其中，旋压密封式制动缸其后盖与缸体碾制成一体，前盖用钢板压制，提高气密性，在前盖处设滤尘套，保持制动缸内部的清洁度，对制动机的正常制动、缓解起到保证作用。不同型号制动缸装车如图 2-4-20 至图 2-4-22 所示。

(a)

(b)

(c)

图 2-4-20　305 mm×254 mm 型制动缸装车示意

图 2-4-21 356 mm×254 mm 型制动缸装车示意

图 2-4-22 254 mm×254 mm 型制动缸装车示意

4. 储风缸

储风缸一般由封头、缸体、排水座、管座或法兰焊接组成，按结构形式可分为单室储风缸和多室储风缸，按功能用途可分为副风缸、双室风缸、降压风缸和加速缓解风缸(图 2-4-23 至图 2-4-26)。副风缸和加速缓解风缸用以储藏压缩空气，副风缸在制动工况时作为风源将压缩空气经 120 阀充入制动缸，使制动机产生制动作用，此外，副风缸空气压力还作为 120 阀主控机构(作用部)的一个控制压力，加速缓解风缸在制动后的缓解工况(再充气工况)时作为风源将压缩空气经 120 阀充入列车管，使列车管产生局部增压作用。

图 2-4-23 副风缸

图 2-4-24 双室风缸

图 2-4-25 降压风缸

图 2-4-26 加速缓解风缸

5. 脱轨自动制动装置

脱轨自动制动装置在铁路货车车辆上被逐步推广使用，主要作用是保证在货车发生脱轨时，脱轨自动制动阀的阀杆被拉(顶)断，迅速排出列车管内压缩空气，使整个制动系统发生紧急制动作用，迅速停车，从而避免脱轨事故的扩大，减小脱轨车辆对线路的破坏。脱轨自动制动装置由脱轨自动制动阀、球阀、三通和管路等组成。每根车轴处安装一套脱轨制动阀，在制动主管与脱轨自动制动阀的连接管路中安装了一个不锈钢球阀，车辆脱轨或脱轨自动制动阀发生故障时可关闭球阀截断脱轨自动制动装置支路。脱轨自动制动阀装车示意如图 2-4-27 所示，脱轨自动制动装置及其塞门如图 2-4-28、图 2-4-29 所示。

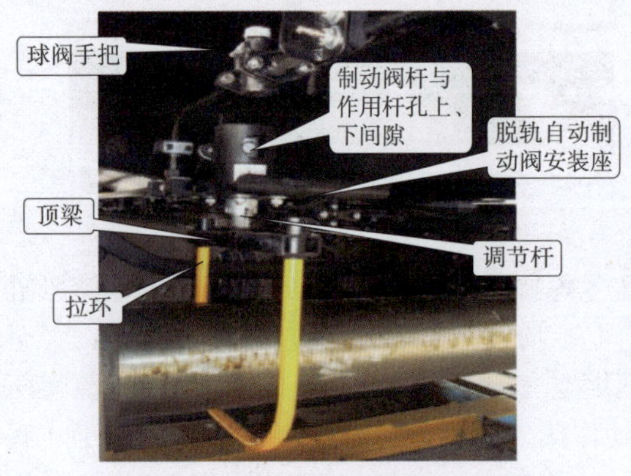

图 2-4-27　脱轨自动制动阀装车示意

图 2-4-28　脱轨自动制动装置塞门

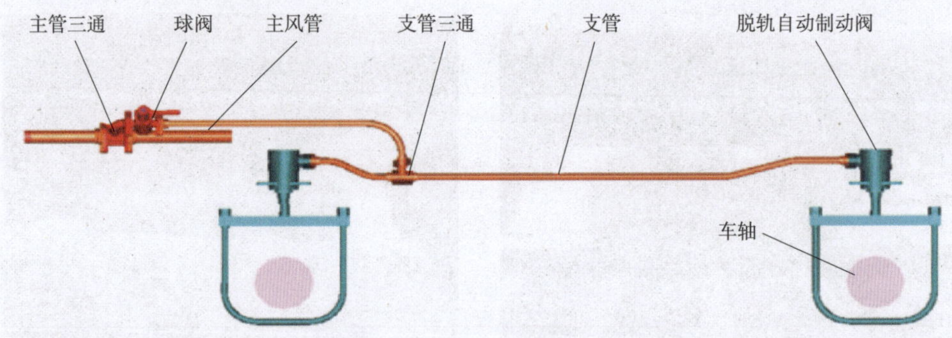

图 2-4-29　脱轨自动制动装置

(1)脱轨自动制动阀组成

脱轨自动制动阀由拉环、顶梁、调节杆、作用杆、锁紧螺母、弹片、制动阀杆和阀体等组成。拉环与顶梁通过圆销连接，顶梁和调节杆采用焊接，调节杆和作用杆采用销接，制动阀杆端头穿入作用杆孔中，作用杆由上、下对称放置的两个弹片支撑在阀体上并通过锁紧螺母预紧，如图 2-4-30 所示。

(2)作用原理

脱轨自动制动装置利用脱轨时车体与轮对的相对位移，打断制动阀杆，连通主风管与大气的通路，引起列车发生紧急制动。作用原理如图 2-4-31 所示。

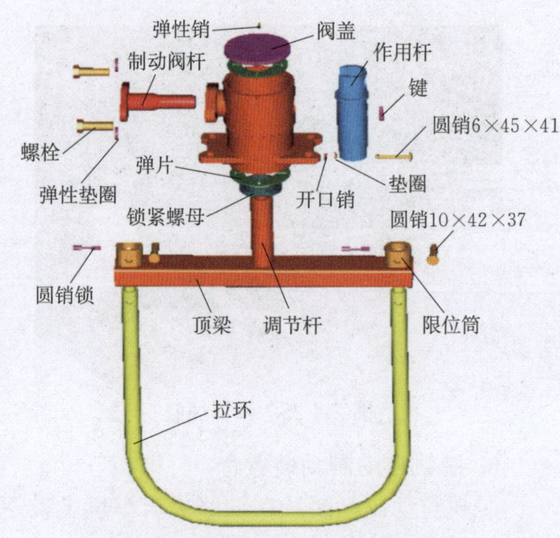

图 2-4-30　脱轨自动制动阀(单位:mm)

6. 制动管系

制动管系是贯通车辆的压缩空气输送管，向制动机供给压缩空气，也是传递车辆制动、保压或缓解指令的控制管。列车管安装在车辆底架下面、中梁的一侧，它在车辆中部呈弯曲形状穿过中梁型钢，然后延伸到车辆两端的右侧，稍露出端梁外部，并通过车辆端部的折角塞门、制动软管、软管连接器和橡胶垫圈与邻车相连结，这样可使列车在通过曲线或各车辆相互间有伸缩时，不妨碍压缩空气在列车管中的流动，如图 2-4-32 所示。

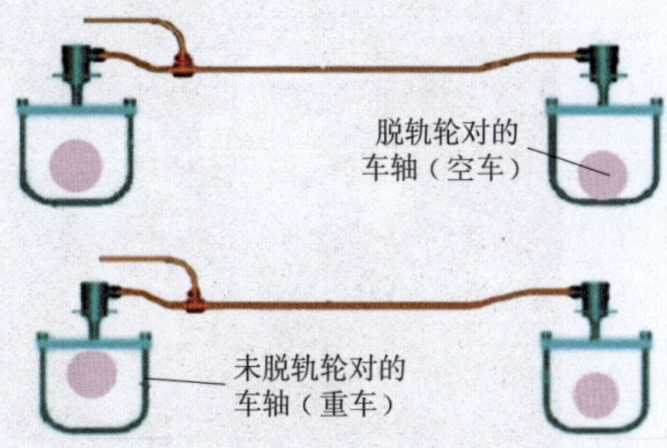

图 2-4-31　脱轨自动制动装置作用原理

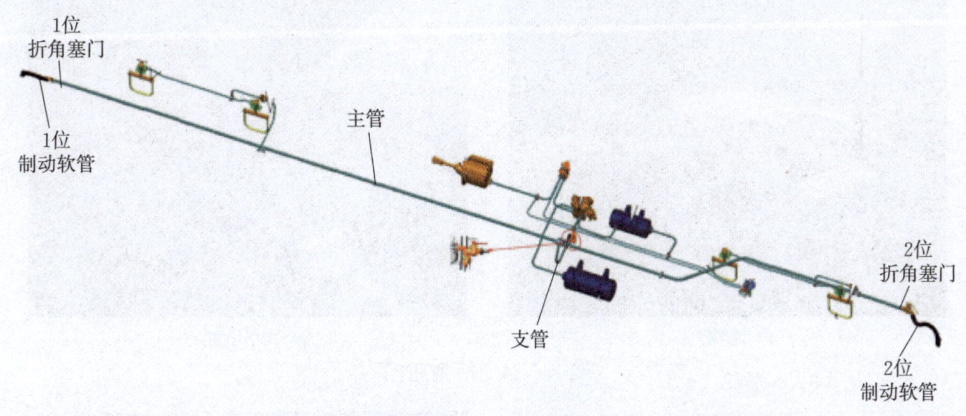

图 2-4-32　制动管系

7. 组合式集尘器

组合式集尘器安装于制动主管与制动阀之间的制动支管上，具有截断塞门和集尘器的双重作用。制动机临时发生故障或遇有特殊情况如货物列车中因装载的货物规定须停止该车辆的制动机作用时，或对制动机进行检修时，必须将此截断塞门关闭（简称关门），截断塞门关闭的车辆（简称关门车）无空气制动作用。编入列车的关门车数以及关门车在列车中所处位置的限制须按照《技规》的规定设定。集尘器是利用空气通过时发生的沿其圆周内壁的旋转，使列车管压缩空气中的尘埃、水分、锈垢和砂土等杂物沿圆周内壁落下的远心作用原理，排净压缩空气以保证 120 阀正常工作的部件。

组合式集尘器主要由集尘器体、密封座、球芯、垫圈、密封圈、拨芯轴、密封垫、盖、手把、垫、集尘盒和止尘伞等零部件组成。组合式集成结构及装车情况如图 2-4-33 所示。

8. 折角（直端）塞门

折角（直端）塞门安装于车辆制动主管两端，具有连接制动主管和制动软管总成、控制车辆之间制动主管的通断作用。塞门分为折角塞门、直端塞门，主要由塞门体、手把、锁紧螺帽、球芯、盖等组成。折角（直端）塞门结构及装车示意如图 2-4-34、图 2-4-35 所示。

9. 制动软管总成

制动软管总成安装于车辆制动主管两端，主要作用是连结机车及车辆间主管、传递压缩空气，主要由橡胶软管及波纹接头等组成。制动软管总成装车示意如图 2-4-36 所示。

（a）结构

（b）装车示意

图 2-4-33　组合式集尘器

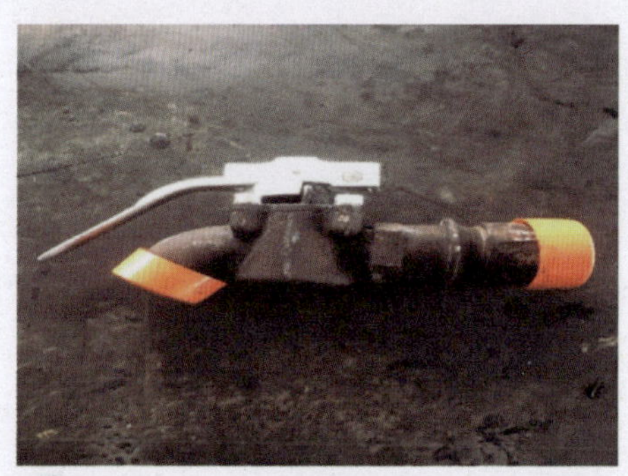

（a）结构

（b）装车示意

图 2-4-34　折角塞门

（a）结构

（b）装车示意

图 2-4-35　直端塞门

60 t 级铁路货车须装用长度为 715 mm 的制动软管连接器。70 t 级铁路货车和 $C_{80E(H、F)}$ 型车须装用长度为 795 mm 的制动软管连接器及软管吊链组成。JSQ_6、JSQ_7 型车须装用长度为 870 mm 的制动软管连接器。$C_{96(H)}$、C_{80}、C_{80B}、C_{76}、C_{63A} 型等不摘钩翻卸作业的敞车须装用带外护簧的 980 mm 制动软管连接器和球芯直端塞门，制动软管连接器的长度公差均为±10 mm。制动软管连接器如图 2-4-37 所示。

图 2-4-36　制动软管总成装车示意

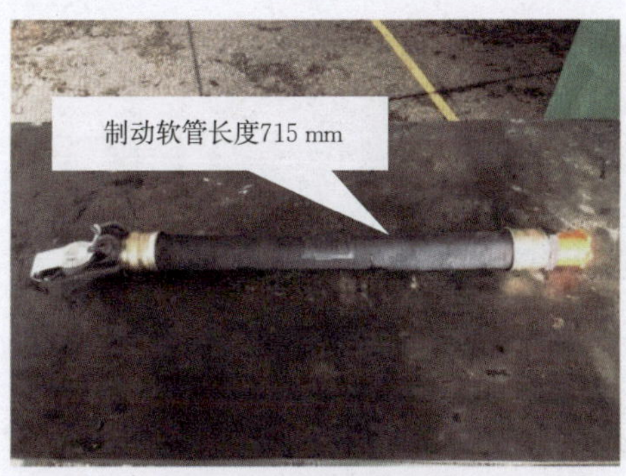

（a）C_{60}型车装用制动软管

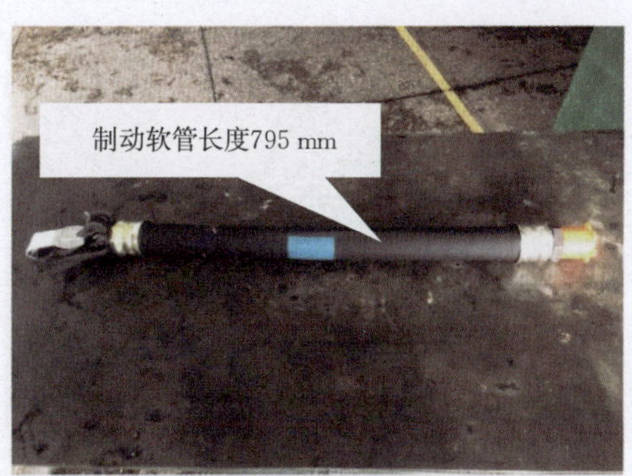

（b）C_{70}型车装用制动软管

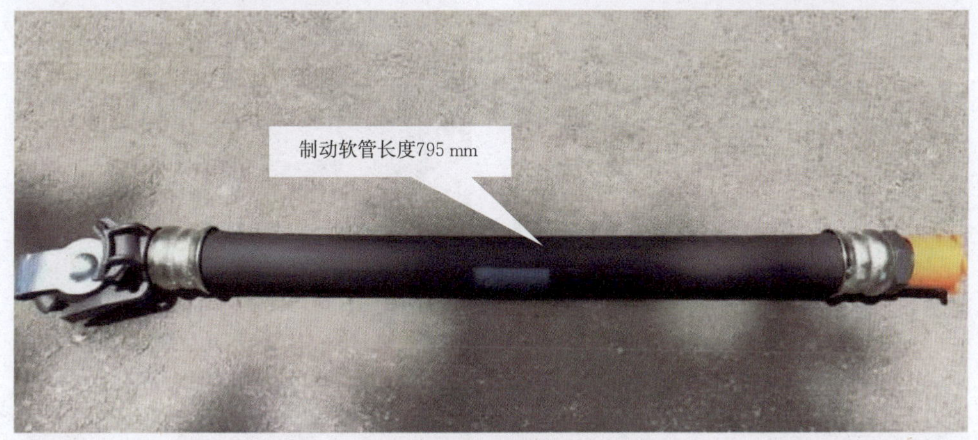

（c）C_{80E}型车装用制动软管

（d）C_{96}型车装用制动软管

图 2-4-37 制动软管连接器

第五节 人力制动机

铁路货车常用人力制动机主要有 NSW（NSW-Ⅰ）型、固定链条式、折叠链条式、旋转(卧)式、摇臂(棘轮)式、脚踏式等型号，其中 NSW 型人力制动机具有制动、阶段缓解、快速缓解等功能，而且省力、作用可靠、不易损坏。各型人力制动机如图 2-5-1 至图 2-5-6 所示。

图 2-5-1 NSW 型

图 2-5-2 固定链条式

图 2-5-3 折叠链条式

图 2-5-4 旋转(卧)式

图 2-5-5 摇臂(棘轮)式

图 2-5-6 脚踏式

人力制动机是用人力转动手轮、手把或脚踩脚蹬以代替空气制动机的作用(带动基础制动装置),使闸瓦压紧车轮的一种制动装置,一般安装在车辆的一位端。

第六节 制动故障处理基本操作

一、关闭车辆截断塞门

截断塞门手把与制动支管平行时为开通状态,与制动支管垂直时为关闭状态。因车辆故障须关闭截断塞门时,应进行如下操作:

1. 关门

将截断塞门手把由开通状态扳动至关闭状态,如图 2-6-1 所示。

2. 排风

拉动缓解阀拉杆，排净副风缸压缩空气，如图 2-6-2 所示。

图 2-6-1 关门

图 2-6-2 排风

3. 捆绑

将铁丝的一端捆绑在缓解阀拉杆三角接头处，另一端捆绑在缓解阀拉杆吊座上。拉紧铁丝使缓解阀处于排风状态，如图 2-6-3 所示。

4. 确认

确认制动缸活塞完全缩回，如图 2-6-4 所示。

图 2-6-3 捆绑铁丝

图 2-6-4 确认缩回

二、关闭车辆脱轨自动制动装置塞门

脱轨自动制动装置塞门手把与连接管平行时为开通状态，与连接管垂直时为关闭状态。车辆脱轨自动制动阀及球阀塞门后部连接管漏泄，须关闭球阀塞门。一个转向架上部有一个球阀塞门，即一个球阀塞门控制一个转向架的两个脱轨自动制动阀，关闭时只需扳动控制漏泄位置的相应球阀塞门手把至垂直位置。应进行如下操作：

1. 球阀塞门手把处于开通状态，如图 2-6-5 所示。扳动球阀塞门手把，将手把由平行位置变为垂直位置。

2. 球阀塞门手把处于垂直位置即为关闭状态，如图 2-6-6 所示。

三、车辆闸调器调整

1. 关门

关闭截断塞门，排净副风缸压缩空气，确认制动缸活塞完全缓解，如图 2-6-7 所示。

图 2-6-5　开通状态

图 2-6-6　关闭状态

2. 松缓 ST1-600 型闸调器

顺时针(从车体端部向车体中部看)旋转 ST1-600 型闸调器外体上的手柄 2～8 圈,将闸调器放松;或使用扳手衔住闸调器外体前盖上的止挡,顺时针旋转闸调器,如图 2-6-8 所示。

图 2-6-7　确认缓解

3. 松缓 ST2-250 型闸调器

顺时针(从制动缸后杠杆向制动缸前杠杆看)旋转 ST2-250 型闸调器外体上的手柄 2～8 圈,将闸调器放松;或使用扳手衔住闸调器外体前盖上的止挡,顺时针旋转闸调器,如图 2-6-9 所示。

图 2-6-8　松缓 ST1-600 型闸调器

图 2-6-9　松缓 ST2-250 型闸调器

第七节　途中常见制动故障判断与处置

一、铁路货车故障处置基本程序

1. 列检作业场所在站区

(1)处置流程

①现场人员发现停车信息后,立即向列检值班员报告,列检值班员立即通知工长,并报

告车间值班干部。

②工长先行组织就近人员到达列车前部，向司机了解停车原因（列车故障原因还是其他原因），向工长报告到位及联系司机情况。

a. 属车站助理值班员拦停列车时，工长立即安排人员向助理值班员了解发现车辆故障情况。

b. 属列车故障原因时，前部人员联系尾部人员，在列车运行方向左侧首尾车辆端部车体上设置停车信号（昼间红旗，夜间及不良天气下频闪红灯），并告知司机“不要动车”。

③工长组织人员快速排查，全列车辆有无明显漏泄。如有明显漏泄，按照漏泄故障应急处置方法进行处置。故障处置完毕，联系司机进行持续一定时间全部试验。

列检值班员调阅列车制动机试验和简略试验数据信息，分析漏泄情况。

无法判明机车还是车辆故障时，在具备地面试风条件情况下，可通过使用地面试风装置排查判断车辆是否存在漏泄故障。

（2）信息传递流程

现场人员发现停车信息后，立即向列检值班员报告。列检值班员接到报告后，立即通知工长，并报告车间值班干部。车间值班干部或车间主任接到报告后，立即报告段调度科、安全科。

2. 非列检作业场所在站区

（1）处置流程

①列检值班员接到列车停车通知后，立即通知工长，并报告车间值班干部。

②车间迅速组织胜任人员组成调查处置小组，携带相关材料配件工具前往停车站。

③到达车站后，办理登记运统—46，补发车统—23，向车站了解列车停车相关信息。

④办理登记后，调查人员迅速进入现场。

⑤首先到达列车前部，向司机了解停车原因（列车故障原因还是其他原因）。

a. 属车站助理值班员拦停列车时，调查人员向助理值班员了解发现车辆故障情况。

b. 属列车故障原因时，前部人员联系尾部人员，在列车运行方向左侧首尾车辆端部车体上设置停车信号（昼间红旗，夜间及不良天气下频闪红灯），并告知司机“不要动车”。

⑥调查人员快速排查，全列车辆有无明显漏泄。如有明显漏泄，按照漏泄故障应急处置方法进行处置。

（2）信息传递流程

列检值班员接到列车停车信息后，立即通知工长，并报告车间值班干部。车间值班干部或车间主任接到报告后，立即报告段调度科、安全科。

3. 分段排查法

如列车充风不足，对全列车进行检查，确定故障部位。如能充满风，关闭机后1位车辆前端折角塞门，对机车制动机进行试验，判断是否为机车故障；如机车无故障，按照关闭折角塞门方法分段查找，迅速判明故障车辆位置，如图2-7-1至图2-7-3所示。

图2-7-1 插设防护信号

图 2-7-2　摘解制动软管

图 2-7-3　连接无线风压监测仪

二、货车漏泄故障

1. 列车故障判断

出现列车主管压力持续或瞬间下降、列车主管充风不能达到定压及制动保压时列车主管压力持续下降现象，主要从三方面查找故障：

(1)机车故障：关闭机后 1 位车辆前端折角塞门后，关闭机车与车辆连接端折角塞门，机车压力异常。

(2)列尾装置故障：关闭列车尾部车辆后端折角塞门，列尾装置漏泄。

(3)车辆故障：机车无故障，打开机车端机车折角塞门后，打开机后 1 位车辆前端折角塞门，向列车主管充风，查找漏泄车辆；车辆无明显漏泄时，可采取分段排查法查找。

2. 车辆故障判断及处置

(1)缓解阀拉杆卡滞故障

故障表征：缓解阀拉杆变形卡滞、异物卡滞导致缓解阀不正位漏泄，如图 2-7-4 所示。

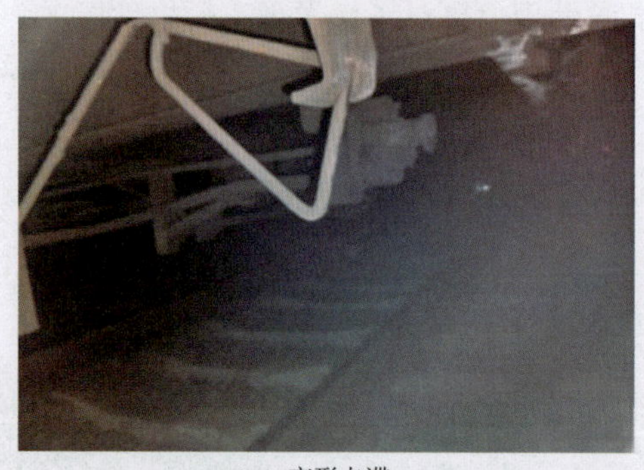

(a) 变形卡滞

(b) 异物卡滞

图 2-7-4　缓解阀拉杆卡滞

缓解阀拉杆卡滞故障处置流程，如图 2-7-5 至图 2-7-7 所示：

①清除缓解阀卡滞异物，恢复正位。

②调整缓解阀拉杆，恢复正位。

③故障处置后，确认缓解阀无漏泄，缓解阀拉杆无折断、脱落危险。

(2)制动软管垫圈故障

故障表征：制动软管垫圈丢失、破损、安装不正位漏泄，如图 2-7-8、图 2-7-9 所示。

图 2-7-5 清除缓解阀卡滞异物

图 2-7-6 调整缓解阀拉杆恢复正位

图 2-7-7 检查漏泄

图 2-7-8 垫圈丢失

制动软管垫圈故障处置流程，如图 2-7-10 至图 2-7-13 所示：

①关闭故障车辆端和相邻车辆端折角塞门，摘解制动软管。

②垫圈丢失补装；破损更换；垫圈安装不正位恢复。未配备软管垫圈时，可使用机车前端或列车尾部车辆软管垫圈替换。重新连结制动软管。

③先缓慢开启靠近列车前部端折角塞门，确认无漏泄后，缓慢开启靠近列车后部端折角塞门。

图 2-7-9 垫圈安装不正位

图 2-7-10 关闭折角塞门

图 2-7-11 更换(补装)制动软管垫圈

图 2-7-12　开启折角塞门

图 2-7-13　检查漏泄

④故障处置后，摇动软管，确认制动软管连接状态良好，确认漏泄故障消除。

(3)制动软管故障

故障表征：制动软管松动、制动软管破损，如图 2-7-14、图 2-7-15 所示。

图 2-7-14　制动软管松动

图 2-7-15　制动软管破损

①制动软管松动故障处置流程：

a. 关闭故障制动软管端折角塞门，关闭相邻制动软管端折角塞门。

b. 摘开故障制动软管吊链挂钩(有制动软管吊链)，摘解制动软管，卸下故障端制动软管，如图 2-7-16 所示。

c. 在制动软管螺纹接头处缠绕聚四氟乙烯薄膜，如图 2-7-17 所示。

图 2-7-16　取下制动软管

图 2-7-17　缠绕聚四氟乙烯薄膜

d. 安装制动软管，制动软管连接器连接平面与车体中心夹角为 45°，如图 2-7-18 所示。

e. 重新连结制动软管，将制动软管吊链挂钩(有制动软管吊链)与软管连挂，如图 2-7-19 所示。

f. 先缓慢开启靠近列车前部端折角塞门，确认无漏泄后，缓慢开启靠近列车后部端折角塞门。

g. 故障处置后，摇动软管，确认制动软管连接状态良好，确认漏泄故障消除。

图 2-7-18　安装制动软管

图 2-7-19　连结制动软管

②制动软管破损故障处置流程：

a. 关闭故障车辆故障端折角塞门及相邻车辆靠近故障车辆端的折角塞门。

b. 摘开故障制动软管吊链挂钩(有制动软管吊链)，摘解制动软管，卸下故障端制动软管。

c. 在拟安装制动软管螺纹接头处缠绕聚四氟乙烯薄膜。未配备制动软管时，卸下机车前端或列车尾部车辆后端制动软管进行替换，如图 2-7-20 所示。

d. 安装制动软管，制动软管连接器连接平面与车体中心夹角为 45°。

e. 重新连结制动软管，将制动软管吊链挂钩(有制动软管吊链)与软管连挂。

图 2-7-20　卸下机车前端制动软管

f. 先缓慢开启靠近列车前部端折角塞门，确认无漏泄后，缓慢开启靠近列车后部端折角塞门。

g. 故障处置后，摇动软管，确认制动软管连接状态良好，确认漏泄故障消除。

(4)传感阀触头卡滞故障

故障表征：传感阀防尘罩卡滞漏泄及传感阀触头异物，如图 2-7-21、图 2-7-22 所示。

传感阀触头卡滞故障处置，如图 2-7-23、图 2-7-24 所示：

①恢复传感阀防尘罩正位。

②清除异物，敲动传感阀触头，恢复正位，确认漏泄消除。

(5)主支管接头处漏泄

故障表征：主管、支管法兰、管箍、活接漏泄，快装接头脱开。锁紧螺母处及主管三通处漏泄如图 2-7-25、图 2-7-26 所示。

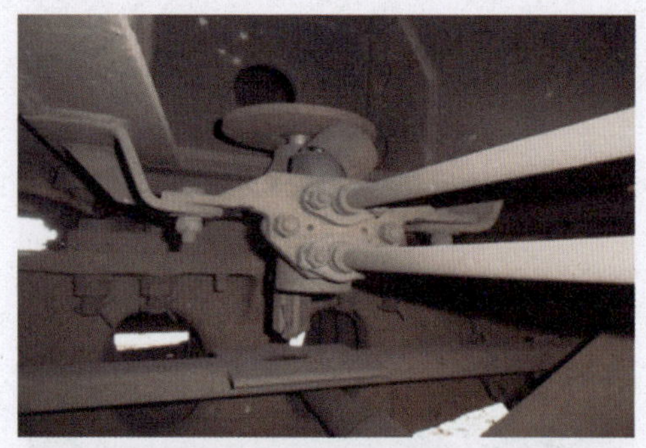

图 2-7-21 传感阀防尘罩卡滞

图 2-7-22 传感阀触头异物

图 2-7-23 传感阀防尘罩恢复正位

图 2-7-24 传感阀触头清除异物

图 2-7-25 锁紧螺母处漏泄

图 2-7-26 主管三通处漏泄

主支管连接头处漏泄故障处置：

①用扳手紧固法兰螺栓，如图 2-7-27 所示。

②用管钳紧固管箍、活接，如图 2-7-28 所示。

③故障处置后，确认漏泄消除。

(6)截断塞门内端漏泄

故障表征：截断塞门内端支管、连接管、制动阀、限压阀、远心集尘器、制动缸及各风缸漏泄。

截断塞门内端漏泄故障处置：

①截断塞门内端漏泄故障无法处理时，关闭全车截断塞门。

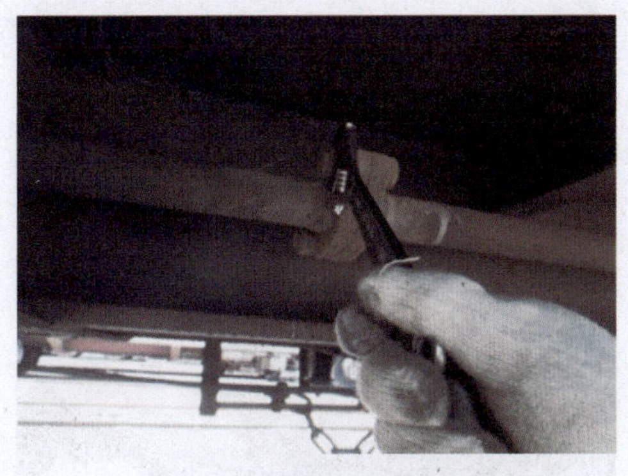

图 2-7-27　紧固法兰螺栓

图 2-7-28　紧固管箍、活接

②拉动缓解阀拉杆，排净副风缸余风，如图 2-7-29 所示。

③故障处置后，确认制动缸活塞杆复位，如图 2-7-30 所示；再次拉动缓解阀拉杆，确认余风排净，如图 2-7-31 所示。

图 2-7-29　排净副风缸余风

图 2-7-30　确认制动缸活塞杆复位

（7）截断塞门外端漏泄

故障表征：截断塞门外端主管、辅助管、支管及截断塞门、折角塞门、脱轨自动制动装置塞门、脱轨自动制动装置塞门至主管之间支管、连接管漏泄。

截断塞门外端漏泄故障处置：

①截断塞门外端漏泄故障无法处理时，关闭故障车辆两端折角塞门及相邻车辆靠近故障车辆端的折角塞门，摘解两端制动软管，如图 2-7-32 所示。

图 2-7-31　确认副风缸余风排净

②关闭故障车辆截断塞门，排净副风缸余风；

③将故障车辆两端软管吊起；

④将备用制动长软管在车辆一端预留出一定长度，沿车体下侧捆绑长软管，用铁丝捆绑牢固。

⑤将长软管和两相邻车辆的制动软管连结，连接器用铁丝捆绑牢固，先缓慢打开故障车辆前部相邻车辆后端折角塞门，确认无漏泄后，再缓慢打开故障车辆后部相邻车辆前端折角塞门，如图 2-7-33、图 2-7-34 所示。

⑥确认长软管及各部捆绑牢固，故障车辆截断塞门手把处于关闭状态，如图 2-7-35 所示。

图 2-7-32　摘解制动软管

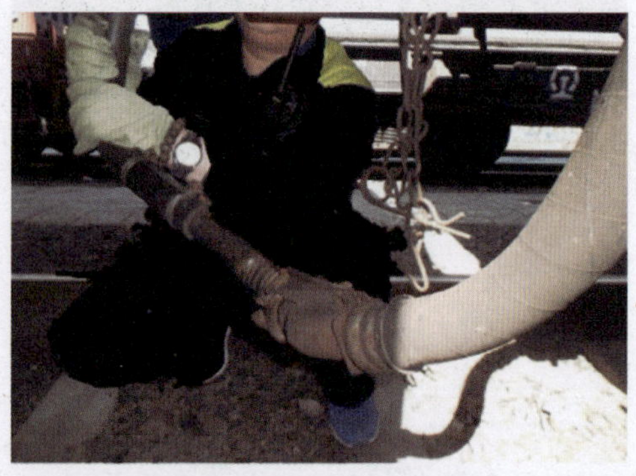
图 2-7-33　连结长软管

图 2-7-34　长软管捆绑局部放大示意

图 2-7-35　长软管捆绑整体示意

(8)脱轨自动制动装置塞门内端漏泄

故障表征：脱轨自动制动装置塞门内端支管、连接管、脱轨自动制动阀漏泄，脱轨自动制动阀阀杆折断如图 2-7-36 所示。

图 2-7-36　脱轨自动制动阀阀杆折断

脱轨自动制动阀塞门内端漏泄故障处置，如图 2-7-37、图 2-7-38 所示：

①关闭脱轨自动制动装置球阀。

②检查脱轨自动制动装置无漏泄故障。

图 2-7-37　关闭脱轨自动制动装置球阀

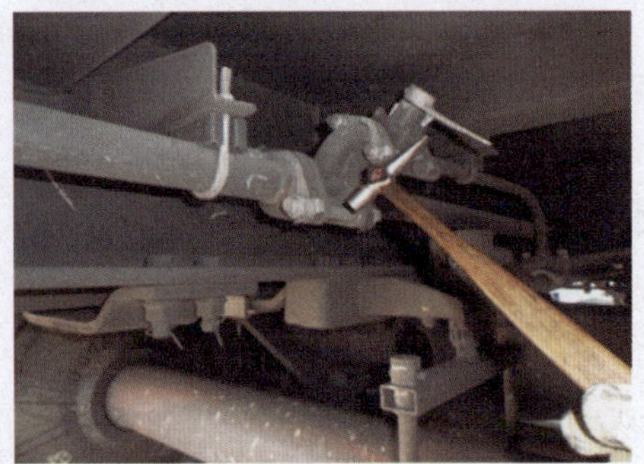
图 2-7-38　检查漏泄

3. 制动不保压故障判断与处置

故障表征：列车主管压力持续或瞬间下降，列车主管充风不能达到定压；制动保压，列车主管压力持续下降。

制动不保压故障处置流程，如图 2-7-39 至图 2-7-42 所示。

图 2-7-39　关闭机车折角塞门

图 2-7-40　机车仪表

图 2-7-41　开启机车折角塞门

图 2-7-42　货列尾装置

4. 列车紧急制动故障判断与处置

(1)列车分离：执行列车分离应急处置有关要求。

(2)车辆脱轨：按照铁路交通事故有关规定处置。

(3)机车故障：关闭机后 1 位车辆前端折角塞门，对机车进行制动机试验，发生紧急制动。

(4)列尾装置故障：关闭列车尾部车辆后端折角塞门(图 2-7-43)，对货物列车进行制动机试验，列车不发生紧急制动，列车充风缓解。打开列车尾部车辆后端折角塞门，对货物列车进行制动机试验，列车发生紧急制动。

(5)车辆故障:排除机车、列尾装置原因,判定为车辆故障,对货物列车充风,分段查找确定故障车辆。

(6)制动软管故障:制动软管分离(包括车辆制动软管和列尾装置软管分离)、破损(图 2-7-44)、垫圈丢失(图 2-7-45)。故障处置流程如下:

①关闭故障车辆故障端及相邻车辆靠近故障车辆端的折角塞门。

②打开制动软管连接器,检查软管垫圈状态。

③重新安装软管垫圈或更换不良软管垫圈。注:无软管垫圈时,可将机车前端软管垫圈摘下或将尾部车辆后端软管垫圈摘下(未连接列尾装置时)。

图 2-7-43　关闭折角塞门

图 2-7-44　制动软管破损

图 2-7-45　制动软管垫圈丢失

④制动软管状态良好,重新连结制动软管;制动软管破损时,摘解制动软管,卸下故障端制动软管。未配备制动软管时,卸下机车前端或列车尾部车辆后端制动软管进行替换。

⑤在拟安装制动软管螺纹接头处缠绕聚四氟乙烯薄膜。

⑥安装制动软管,调整连接器角度。制动软管连接器连接平面与车体中心夹角为 45°。重新连结制动软管。

⑦先缓慢开启前部折角塞门,确认无漏泄后,缓慢开启后部折角塞门。

⑧故障处置后,摇动软管,确认漏泄故障消除。

(7)截断塞门内端故障:主阀、紧急阀故障,截断塞门至中间体支管,集尘器,连接管破损,如图 2-7-46、图 2-7-47 所示。

图 2-7-46　阀破损

图 2-7-47　管系漏泄

三、货车不制动故障

故障表征:列车制动时,制动缸活塞杆未伸出或伸出后自动缩回。

1. 截断塞门关闭:拉动缓解阀拉杆,副风缸无余风,发现截断塞门手把处于关闭状态。

故障处置:确保故障车辆全车截断塞门手把处于关闭状态;拉动缓解阀拉杆,排净副风缸余风。

2. 折角塞门关闭:有列尾装置的列车,司机反映列车管压力异常;无列尾装置的列车,打开尾部车辆后端折角塞门,列车主管无压缩空气排出,由尾部向前逐辆检查,发现折角塞门手把处于关闭状态。

故障处置:缓慢打开折角塞门,进行制动机试验;确认故障车辆制动、缓解作用良好,如图 2-7-48、图 2-7-49 所示。

图 2-7-48 制动状态

图 2-7-49 缓解状态

3. 空气自动制动机故障:列车主管压力充至定压,进行制动机试验,出现车辆不制动或自然缓解状态。

故障处置:确保故障车辆全车截断塞门手把处于关闭状态;拉动缓解阀拉杆,排净副风缸余风。

4. 缓解阀拉杆卡滞、传感阀触头卡滞及主支管接头处漏泄等故障。

故障处置:恢复缓解拉杆、传感阀防尘罩正位,清除异物,敲动传感阀触头,恢复正位;用扳手紧固法兰螺栓、快装接头,用管钳紧固管箍、活接;故障处置后,确认漏泄消除。

四、基础制动故障

1. 制动机缓解后闸瓦仍紧抱车轮

(1)故障判断

拉动上拉杆无晃动现象后,查找各杠杆、拉杆位置是否合乎规定,各杠杆销套是否过量磨耗,销套与圆销配合间隙是否过大,制动梁是否变形,滑槽、滑块配合是否良好、是否有卡阻现象,制动缸前、后杠杆与托架的配合状态是否合乎规定要求。观察制动缸活塞行程,如果过短,说明控制杆头与闸调器后盖间隙过小。

(2)故障原因

①杠杆与拉杆别劲,尤其上翻车机后会出现基础制动装置一边倒的现象,如圆销与套磨

耗过量，就容易造成杠杆与拉杆别劲。缓解后虽然制动缸活塞已缩回，但闸瓦仍紧抱车轮，如图 2-7-50 所示。

②制动梁滑槽与滑块卡阻，缓解后制动梁无法回位，如图 2-7-51 所示。

③人力制动机紧固，如图 2-7-52 所示。

④控制杆头与闸调器后盖间隙过小或无间隙，如图 2-7-53 所示。

图 2-7-50　杠杆卡滞

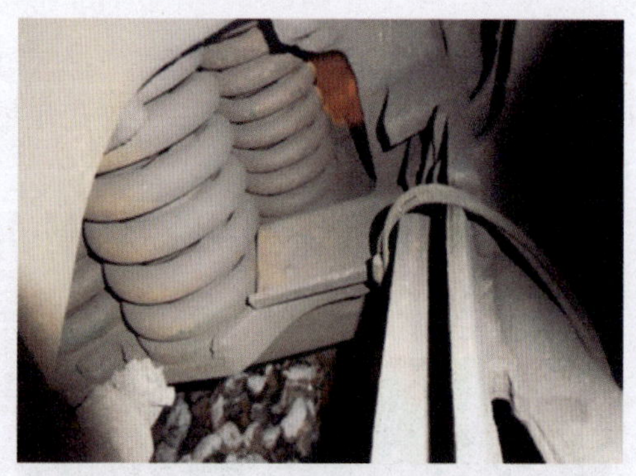

图 2-7-51　滑槽磨耗板窜出

图 2-7-52　人力制动机紧固

图 2-7-53　控制杆头与闸调器后盖间隙过小

(3)故障处置

①调整各杠杆、拉杆位置，如销套脱出应将其砸入销孔内。

②若制动梁变形或制动梁滑块磨耗过量、破损引起的卡阻则更换制动梁。

③若是侧架制动梁滑槽铸造缺陷引起的滑块与滑槽配合不良造成卡阻则扣车。

④若是人力制动机紧固，则松人力制动机。

⑤若是控制杆头与闸调器后盖距离过小，则须按规定调整控制杆头与闸调器后盖之间距离。

2. 制动后闸瓦未紧抱车轮或制动无力

(1)故障判断

制动后拉动上拉杆晃动量大、闸瓦未紧抱车轮。若闸调器螺杆脱出(可见螺纹部分)，则说明闸调器失效。若控制杠杆与闸调器有间隙，会造成制动缸活塞行程过长，所以通过观察制动缸活塞行程，可判断闸调器故障。

(2)故障原因

①基础制动装置圆销丢失，如图 2-7-54 所示。

②制动缸前、后杠杆与托架游动间隙过小，制动时杠杆被托架阻挡，如图 2-7-55 所示。

③闸调器螺杆端部定位螺钉脱落，螺杆被拉出，如图 2-7-56 所示。

④控制杠杆与闸调器后盖距离过大，上拉杆被放长，如图 2-7-57 所示。

图 2-7-54　基础制动装置圆销丢失

图 2-7-55　前、后杠杆与托架游动间隙过小

图 2-7-56　定位螺钉脱落

图 2-7-57　控制杠杆与闸调器后盖距离过大

(3)故障处置

①装配圆销或扣车。

②更换闸调器(带有闸调器的车辆，列检不准调整杠杆与拉杆孔)。

③按规定调整控制杆头与闸调器后盖之间距离。

第八节　车辆制动故障案例

案例一：列车不保压。

某列车在某站列车不保压，机后第 2 位 C_{70E} 型货车、7 位 C_{70E} 型货车、40 位 C_{70E} 型货车、41 位 C_{70E} 型货车、43 位 C_{70E} 型货车，五辆车空重车自动调整装置传感阀部位漏风，判断为传感阀触杆未复位，车辆传感阀防尘罩轻微上窜不正位，五辆车的传感阀防尘罩内部圆槽四爪均有不同程度的外胀现象(图 2-8-1、图 2-8-2)，全部进行了更换处理。

图 2-8-1 更换传感阀防尘罩

图 2-8-2 更换防尘罩与新防尘罩对比

案例二：制动机活塞不缓解。

某列车最后 1 位一辆 NX_{70A} 型货车制动机缓解不良，判断其原因有两种：一是该车主动润滑式制动缸导向带脱出导向带槽，卡在润滑套与制动缸内壁之间，当制动缸缓解时，活塞缓解至一定位置，影响活塞圆周转动及垂向运动，造成制动缸缓解不彻底；二是由于安装在活塞上的 3 个弹簧片自由高度差过大，当活塞缓解至弹簧片与齿圈接触位置时，造成活塞受力不均匀，影响活塞运动距离，导致该车制动缸活塞偶发不能全部复位故障，如图 2-8-3 所示。

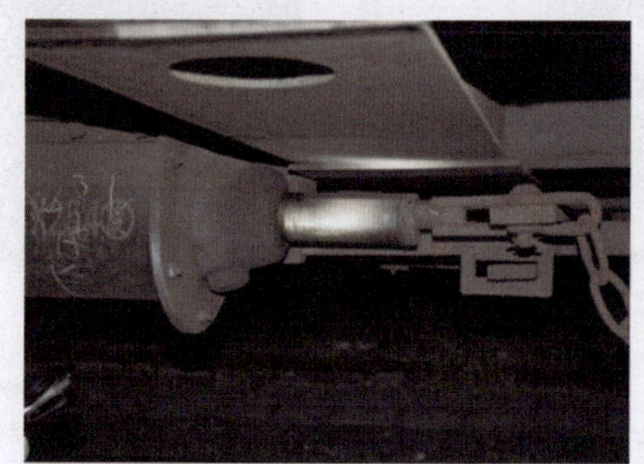

图 2-8-3 制动机活塞不缓解

案例三：车轮碾堆故障。

某列车机后第 21 位一辆 C_{62BK} 型货车运行方向左侧走行部冒烟，停于区间，经检查发现车辆车轮与闸瓦间存在金属镶嵌物（熔渣），车轮踏面形成碾堆故障，如图 2-8-4 所示。

图 2-8-4 车轮碾堆

案例四：闸调器内簧脱出。

某列车因机后第 22 位一辆 C62BK 型货车车辆冒火星，判断该车闸调器内簧脱出，列车制动时螺杆不能正常调节而造成车辆抱闸故障，是发生冒火星的直接原因，如图 2-8-5 所示。

图 2-8-5 闸调器内簧脱出

案例五：人力制动机拉杆圆销卡滞。

某列车因机后第 48 位一辆 C62AK 型货车车辆冒火星，停车检查发现该车人力制动机拉杆倾斜、圆销卡在脱轨自动制动阀外罩上，如图 2-8-6 所示。

图 2-8-6 人力制动机拉杆倾斜、圆销卡滞

案例六：人力制动机拉杆点焊卡滞。

某列车在车站通过时，接车人员发现机后第 22 位一辆 C64K 型货车有抱闸现象，呼叫司机停于站间，经司机与车站会同检查后退回站内做甩车处理。出现此问题的原因为该车段修时人力制动机拉杆点焊在托架上，如图 2-8-7 至图 2-8-9 所示。

图 2-8-7 卡滞

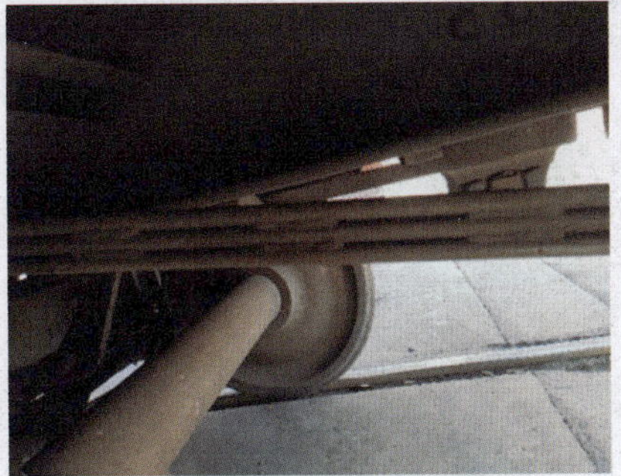

图 2-8-8 加强筋

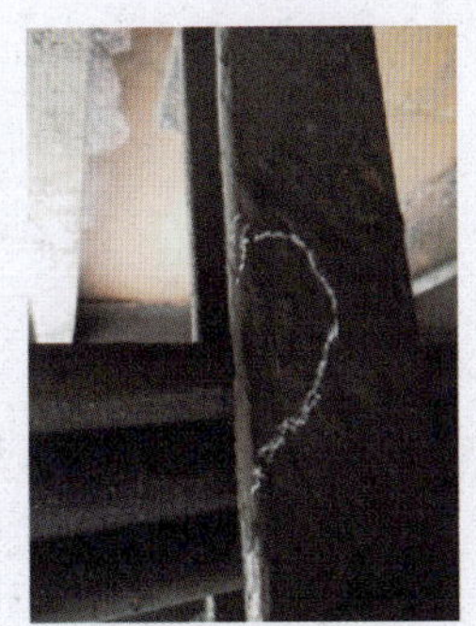

图 2-8-9 焊点

案例七：制动软管连结不到位。

某列车司机在车站准备开车时报告列车不保压，判断机后第 40 位和机后第 41 位制动软管连结不到位、垫圈翘起漏风，平整后重新连结软管后开车，如图 2-8-10 所示。

图 2-8-10　制动软管连结不到位

案例八：制动软管裂损。

某列车运行至车站下行线处因列车漏风停车，车站汇报机后第 12 位一辆 C70E 型货车后部制动软管爆裂，更换软管后，车辆放行，如图 2-8-11 所示。

图 2-8-11　制动软管裂损

案例九：人力制动机加强筋卡滞。

某列车尾前第 2 位一辆 C62BK 型货车抱闸，经检查发现车辆人力制动机拉杆加强筋卡滞在托架上，处理后放行，如图 2-8-12 所示。

图 2-8-12　人力制动机加强筋卡滞

案例十：制动缸活塞推杆卡滞。

某列车尾前第 1 位一辆 G17K 型货车缓解不良，判断该车制动缸活塞杆根部周边有凸起，卡滞在活塞筒内壁处，造成车辆缓解不良，如图 2-8-13 所示。

图 2-8-13 制动缸活塞推杆卡滞

案例十一：闸调器拉杆、杠杆圆销卡滞。

某列车尾前第 11 位一辆 C64K 型货车走行部零星冒火花，车站关门车处理后开车。经检查鉴定，车辆冒火花原因为制动缸前杠杆与闸调器、活塞推杆连接的 2 个圆销锈蚀严重、不转动，如图 2-8-14 至图 2-8-17 所示。

图 2-8-14 活塞推杆

图 2-8-15 杠杆卡滞

图 2-8-16 杠杆

图 2-8-17 圆销锈蚀

案例十二：主阀膜板穿孔。

某 THDS 探测站预报列车机后第 7 位一辆 C62BK 型货车疑似抱闸，判断车辆装用的

120 型控制阀主阀主活塞膜板穿孔，主活塞上下压力不稳定，控制阀性能不稳定。开车后，列车主管小减压量制动后缓充风时，主活塞行程移动缓慢，复位困难，导致闸瓦和车轮踏面摩擦生热，被 THDS 设备探测产生疑似抱闸波形。THDS 探测站通过后，主活塞复位，闸瓦和车轮踏面摩擦逐渐降低，如图 2-8-18 所示。

图 2-8-18　主阀膜板穿孔

第三章　车辆抱闸故障应急处置

第一节　敞车制动装置主要部件

一、60 t 级系列

1. 60 t 级系列主要部件名称

(1)C_{62AK} 型敞车(图 3-1-1)

转向架：转 K2 型

制动阀：120 型

制动缸：254 mm×254 mm 型、356 mm×254 mm 型

空重车调整阀：KZW-A 型、TWG-1 型

制动梁：L-B 组合式制动梁

闸瓦：高摩合成闸瓦

闸调器：ST1-600 型、ST2-250 型

人力制动机：脚踏式、固定链条式人力制动机

图 3-1-1　C_{62AK} 型敞车

(2)C_{62BK} 型敞车(图 3-1-2)

转向架：转 K2 型

制动阀：120 型

制动缸：254 mm×254 mm 型、356 mm×254 mm 型

空重车调整阀：KZW-A 型、TWG-1 型

制动梁：L-B 组合式制动梁

闸瓦:高摩合成闸瓦

闸调器:ST1-600 型、ST2-250 型

人力制动机:脚踏式、固定链条式人力制动机

图 3-1-2　C_{62BK} 型敞车

(3)C_{64T} 型敞车(图 3-1-3)

转向架:转 8B 型

制动阀:120 型

制动缸:254 mm×254 mm 型、356 mm×254 mm 型

空重车调整阀:KZW-A 型、TWG-1 型

制动梁:L-B 组合式制动梁

闸瓦:高摩合成闸瓦

闸调器:ST1-600 型、ST2-250 型

人力制动机:NSW 型、脚踏式、固定链条式人力制动机

图 3-1-3　C_{64T} 型敞车

(4)C_{64K} 型敞车(图 3-1-4)

转向架:转 K2 型

制动阀:120 型

制动缸：254 mm×254 mm 型、356 mm×254 mm 型
空重车调整阀：KZW-A 型、TWG-1 型
制动梁：L-B 组合式制动梁
闸瓦：高摩合成闸瓦
闸调器：ST1-600 型、ST2-250 型
人力制动机：NSW 型、脚踏式、固定链条式人力制动机

图 3-1-4 C_{64K} 型敞车

(5)C_{64H} 型敞车(图 3-1-5)
转向架：转 K4 型
制动阀：120 型
制动缸：254 mm×254 mm 型、356 mm×254 mm 型
空重车调整阀：KZW-A 型
制动梁：L-B 组合式制动梁
闸瓦：高摩合成闸瓦
闸调器：ST2-250 型
人力制动机：NSW 型人力制动机

图 3-1-5 C_{64H} 型敞车

2. 60 t 级系列主要部件图片(表 3-1-1)

表 3-1-1　60 t 级系列主要部件

名　称	型　号	图　片
转向架	转 K2 型	
	转 K4 型	
	转 8B 型	
制动阀	120 型	
制动缸	254 mm×254 mm 型	
	356 mm×254 mm 型	

续上表

名　称	型　号	图　片
空重车调整阀	KZW-A 型	
	TWG-1 型	
组合式制动梁	L-B 型	
高摩合成闸瓦	HGM-B 型	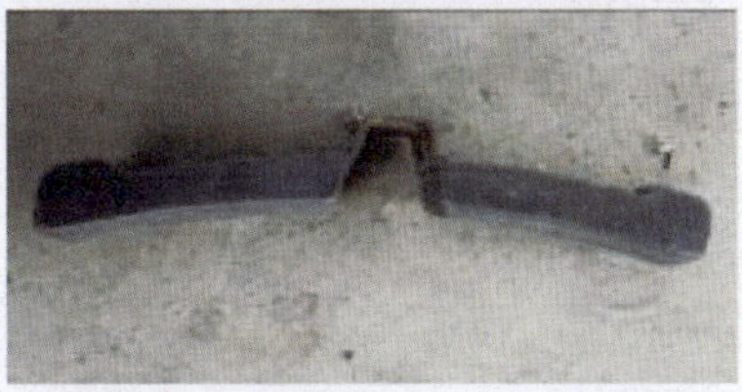
闸调器	ST1-600 型	
	ST2-250 型	

续上表

名　称	型　号	图　片
人力制动机	脚踏式	
	固定链条式	
	NSW 型	

二、70 t 级系列

1. 70 t 级系列主要部件名称

(1)C_{70} 型敞车(图 3-1-6)

转向架：转 K6 型

制动阀：120 型、120-1 型

图 3-1-6　C_{70} 型敞车

制动缸：254 mm×254 mm 型、305 mm×254 mm 型

空重车调整阀：KZW-A 型

制动梁：L-B 组合式制动梁

闸瓦：高摩合成闸瓦

闸调器：ST2-250 型

人力制动机：NSW 型、NSW-Ⅰ型

脱轨自动制动阀：TZD 型、TZD-1 型

(2)C_{70E} 型敞车（图 3-1-7）

转向架：转 K6 型

制动阀：120 型、120-1 型

制动缸：305 mm×254 mm 型

空重车调整阀：KZW-A 型

制动梁：L-B 组合式制动梁

闸瓦：高摩合成闸瓦

闸调器：ST2-250 型

人力制动机：NSW 型、NSW-Ⅰ型

脱轨自动制动阀：TZD 型、TZD-1 型

图 3-1-7 C_{70E} 型敞车

(3)C_{70H} 型敞车（图 3-1-8）

转向架：转 K5 型

制动阀：120 型、120-1 型

制动缸：254 mm×254 mm 型、305 mm×254 mm 型

空重车调整阀：KZW-A 型

制动梁：L-B 组合式制动梁

闸瓦：高摩合成闸瓦

闸调器：ST2-250 型

人力制动机：NSW 型、NSW-Ⅰ型

脱轨自动制动阀：TZD 型、TZD-1 型

图 3-1-8　C_{70H} 型敞车

(4)C_{70EH} 型敞车(图 3-1-9)

转向架:转 K5 型

制动阀:120 型、120-1 型

制动缸:305 mm×254 mm 型

空重车调整阀:KZW-A 型

制动梁:L-B 组合式制动梁

闸瓦:高摩合成闸瓦

闸调器:ST2-250 型

人力制动机:NSW 型、NSW-Ⅰ型

脱轨自动制动阀:TZD 型、TZD-1 型

图 3-1-9　C_{70EH} 型敞车

2.70 t 级系列主要部件图片(表 3-1-2)

表 3-1-2　70 t 级系列主要部件

名　称	型　号	图　片
转向架	转 K6 型	
	转 K5 型	
制动阀	120 型	
	120-1 型	
制动缸	254 mm×254 mm 型	
	305 mm×254 mm 型	

续上表

<table>
<tr><th>名　称</th><th>型　号</th><th>图　片</th></tr>
<tr><td>空重车调整阀</td><td>KZW-A 型</td><td></td></tr>
<tr><td>组合式制动梁</td><td>L-B 型</td><td>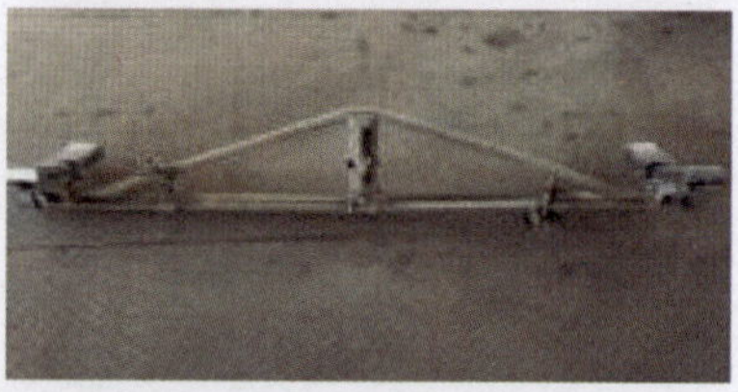</td></tr>
<tr><td>高摩合成闸瓦</td><td>HGM-B 型</td><td>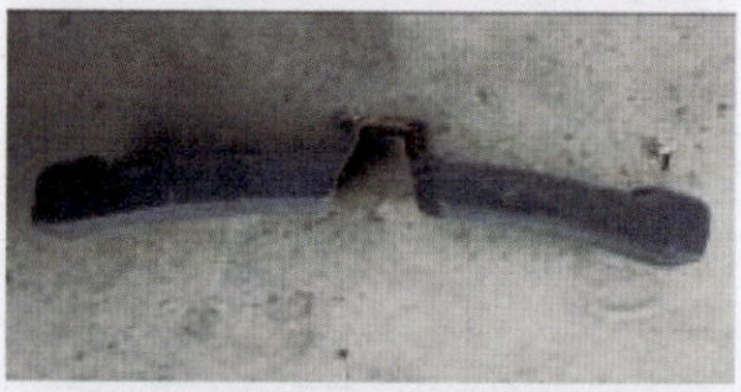</td></tr>
<tr><td>闸调器</td><td>ST2-250 型</td><td></td></tr>
<tr><td rowspan="2">人力制动机</td><td>NSW 型</td><td></td></tr>
<tr><td>NSW-Ⅰ型</td><td></td></tr>
</table>

续上表

名　称	型　号	图　片
脱轨自动制动阀	TZD 型	
	TZD-1 型	

三、80 t 级系列

1. 80 t 级系列主要部件名称

(1)C_{80E} 型敞车(图 3-1-10)

转向架:DZ1 型下交叉支撑式

制动阀:120 型

制动缸:305 mm×254 mm 型整体旋压密封式

空重车调整阀:KZW-A 型

制动梁:L-B1 型组合式制动梁

闸瓦:GM915D 型高摩合成闸瓦

闸调器:ST2-250 型

人力制动机:NSW 型、NSW-Ⅰ型

脱轨自动制动阀:TZD 型

图 3-1-10　C_{80E} 型敞车

(2)C_{80EH}型敞车(图 3-1-11)

转向架:DZ2 型摆式

制动阀:120 型

制动缸:305 mm×254 mm 型整体旋压密封式

空重车调整阀:KZW-A 型

制动梁:L-B1 型组合式制动梁

闸瓦:GM915D 型高摩合成闸瓦

闸调器:ST2-250 型

人力制动机:NSW 型、NSW-Ⅰ型

脱轨自动制动阀:TZD 型

图 3-1-11　C_{80EH}型敞车

(3)C_{80EF}型敞车(图 3-1-12)

转向架:DZ3 型副构架式

制动阀:120 型

制动缸:305 mm×254 mm 型整体旋压密封式

空重车调整阀:KZW-A 型

制动梁:L-B1 型组合式制动梁

闸瓦:GM915D 型高摩合成闸瓦

闸调器:ST2-250 型

人力制动机:NSW 型、NSW-Ⅰ型

脱轨自动制动阀:TZD 型

图 3-1-12　C_{80EF}型敞车

2. 80 t 级系列主要部件图片(表 3-1-3)

表 3-1-3 80 t 级系列主要部件

名 称	型 号	图 片
转向架	DZ1 型	
	DZ2 型	
	DZ3 型	
制动阀	120 型	
制动缸	305 mm×254 mm 型	
空重车调整阀	KZW-A 型	

续上表

名　称	型　号	图　片
组合式制动梁	L-B1 型	
高摩合成闸瓦	GM915D 型	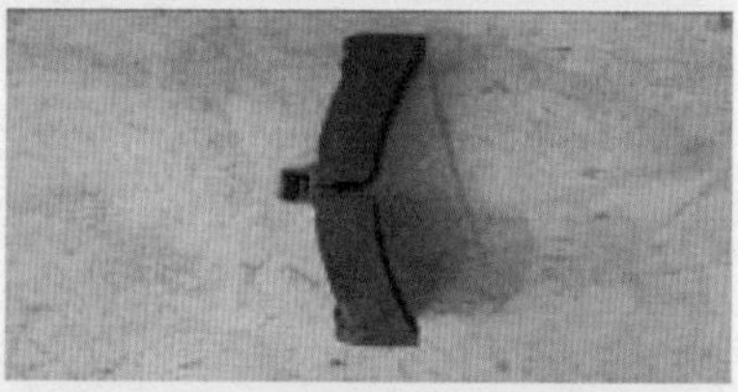
闸调器	ST2-250 型	
人力制动机	NSW 型	
	NSW-Ⅰ型	
脱轨自动制动阀	TZD 型	

四、90 t 级系列

1. 90 t 级系列主要部件名称[以 C_{96} 型敞车为例(图 3-1-13)]

转向架:DZ4 型、DZ5 型

制动阀:120-1 型

集成制动装置:BAB-1 型、DAB-2 型

制动梁:L-B 组合式制动梁

闸瓦:GM915D 型高摩合成闸瓦

人力制动机:NSW 型、NSW-Ⅰ型

脱轨自动制动阀:TZD-1 型

图 3-1-13 C_{96} 型敞车

2. 90 t 级系列主要部件图片(表 3-1-4)

表 3-1-4 90 t 级系列主要部件

名 称	型 号	图 片
转向架	DZ4 型	
	DZ5 型	

续上表

名　称	型　号	图　片
制动阀	120-1 型	
集成制动装置	BAB-1 型	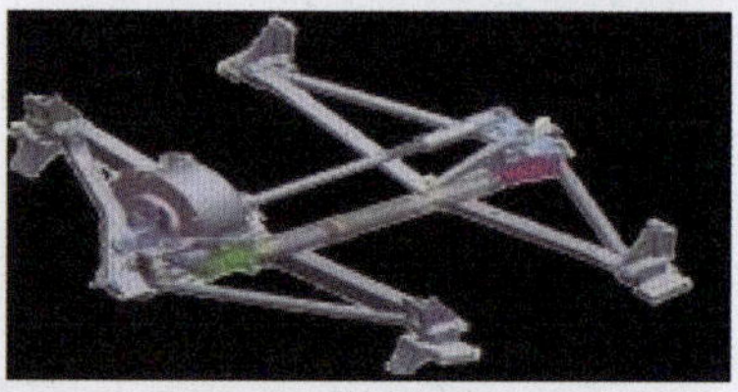
	DAB-2 型	
高摩合成闸瓦	GM915D 型	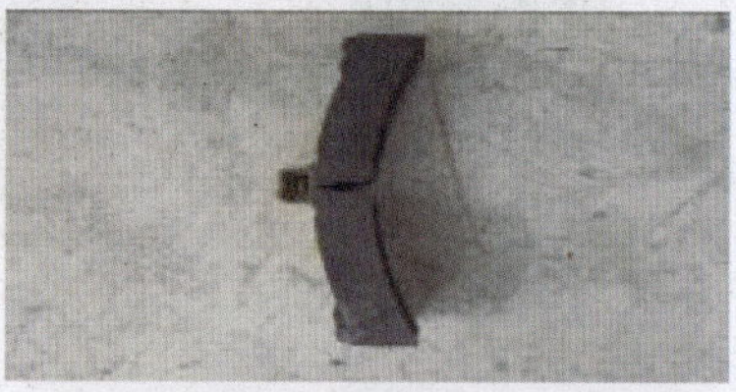
人力制动机	NSW 型	
	NSW-Ⅰ型	

续上表

名　称	型　号	图　片
脱轨自动制动阀	TZD-1 型	

五、100 t 级系列

1. 100 t 级系列主要部件名称[以 C_{100} 型敞车为例(图 3-1-14)]

转向架:转 K2 型、转 K4 型

制动阀:120 型

制动缸:305 mm×254 mm 型

空重车调整阀:KZW-A 型

制动梁:L-B 组合式制动梁

闸瓦:高摩合成闸瓦

闸调器:ST2-250 型

人力制动机:NSW 型、NSW-Ⅰ型

脱轨自动制动阀:TZD-1 型

图 3-1-14　C_{100} 型敞车

2. 100 t 级系列主要部件图片(表 3-1-5)

表 3-1-5　100 t 级系列主要部件

名　称	型　号	图　片
转向架	转 K2 型	

续上表

名　称	型　号	图　片
转向架	转 K4 型	
制动阀	120-1 型	
制动缸	305 mm×254 mm 型	
空重车调整阀	KZW-A 型	
组合式制动梁	L-B 型	
高摩合成闸瓦	HGM-B 型	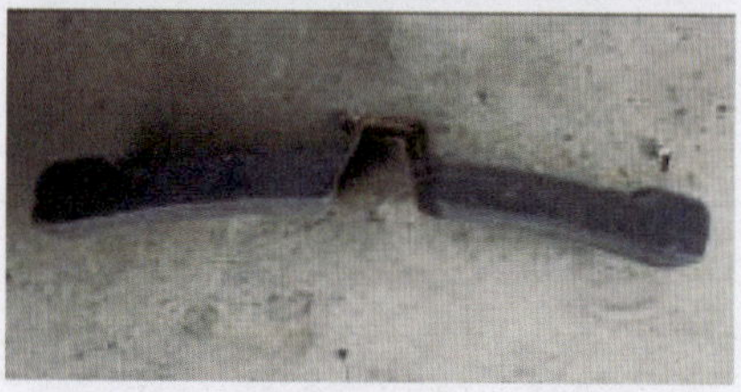

续上表

名　称	型　号	图　片
闸调器	ST2-250 型	
人力制动机	NSW 型	
	NSW-Ⅰ型	
脱轨自动制动阀	TZD-1 型	

第二节　铁路货车抱闸故障分类

一、人力制动机紧固

使用人力制动机停车、防溜后，开车前未松开人力制动机，致车辆抱闸运行，闸瓦与车轮踏面摩擦产生高温，形成熔渣。随着熔渣积聚，加剧抱闸程度。各型号人力制动机紧固状态及处置方法如下：

1. 固定链条式人力制动机紧固，如图 3-2-1 所示。

处置方法：将棘子锤提起，使棘爪离开棘轮，逆时针转动人力制动机手轮，确认人力制动机轴链处于松弛状态，如图 3-2-2 至图 3-2-5 所示。

图 3-2-1　固定链条式人力制动机紧固状态

图 3-2-2　提起棘子锤

图 3-2-3　棘爪离开棘轮

图 3-2-4　转动手轮

图 3-2-5　人力制动机轴链松弛

2. 折叠链条式人力制动机紧固，如图 3-2-6 所示。

处置方法：立起人力制动机轴，将轴套拉下，套在活节上，关闭轴卡板，安装止销；将棘子锤提起，使棘爪离开棘轮，逆时针转动人力制动机手轮，确认人力制动机轴链处于松弛状态。拔出止销，打开轴卡板，轴套上推，露出活节后，将人力制动机轴向外侧放倒在手把托内，如图 3-2-7 至图 3-2-9 所示。

3. NSW 型人力制动机紧固，如图 3-2-10 所示。

处置方法：将功能手柄调整到“常用”位，逆时针转动人力制动机手轮，确认人力制动机轴链处于松弛状态，如图 3-2-11 所示。

图 3-2-6　折叠链条式人力制动机紧固状态

图 3-2-7　立起链条式人力制动机轴

图 3-2-8　拉下轴套

图 3-2-9　放倒链条式人力制动机轴

图 3-2-10　NSW 型人力制动机紧固状态

图 3-2-11　NSW 型人力制动机轴链松弛状态

4. 脚踏式人力制动机紧固,如图 3-2-12 所示。

图 3-2-12　脚踏式人力制动机紧固状态

处置方法:将控制杆顺时针扳到缓解位,人力制动机可实现自动缓解,确认人力制动机轴链处于松弛状态,如图 3-2-13、图 3-2-14 所示。

图 3-2-13　控制杆扳到缓解位

图 3-2-14　脚踏式人力制动机轴链松弛状态

5. 旋转(卧)式链条人力制动机紧固,如图 3-2-15 所示。

处置方法:拔出转动支架及转动支架座孔内的固定圆销,向外侧旋转人力制动机使其直立,将固定圆销插入转动支架及转动支架座孔内,逆时针转动人力制动机手轮,确认人力制动机轴链处于松弛状态,拔出转动支架及转动支架座孔内的固定圆销,将人力制动机整体沿转动支架座向内侧旋转,使人力制动机轴放置在轴托架上,再将固定圆销插入转动支架及转动支架座的孔内,如图 3-2-16 至图 3-2-19 所示。

图 3-2-15　旋转(卧)式链条人力制动机紧固状态

图 3-2-16　拔出固定圆销

图 3-2-17　立起旋转(卧)式链条人力制动机轴

图 3-2-18　插入固定圆销

图 3-2-19　放倒旋转(卧)式链条人力制动机轴

二、基础制动装置配件不良

车辆基础制动部件改造后,因加工设计、工艺、安装原因,导致杠杆别劲、卡滞、偏心、控制杠杆脱出、受力不均衡等,致车辆运行中闸瓦与车轮踏面摩擦产生高温,形成熔渣。随着熔渣积聚,加剧抱闸程度。各种配件故障及处置方法如下:

1. 杠杆别劲、卡滞

故障表征:车辆空气制动机作用良好,杠杆、拉杆圆销锈蚀。多发生于长期在盐碱地带运行的车辆或长期不运行保留的车辆,个别圆销锈蚀严重,推杆、杠杆不转动或转动不灵活,导致闸瓦与车轮踏面不分离,如图 3-2-20、图 3-2-21 所示。

图 3-2-20 制动杠杆别劲

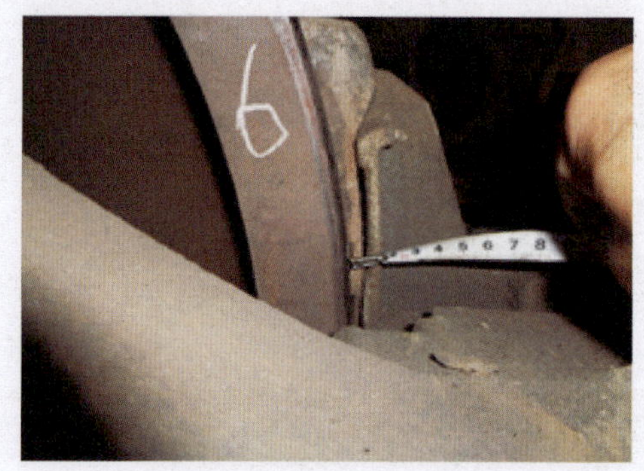

图 3-2-21 闸瓦抱紧车轮

处置方法：关闭全车截断塞门，拉动缓解阀拉杆，排净副风缸余风，转动闸调器，使闸调器螺杆伸长。使用撬棍等工具撬动闸瓦，确认闸瓦与车轮踏面有间隙，如图 3-2-22 至图 3-2-25 所示。

图 3-2-22 关闭截断塞门

图 3-2-23 排尽副风缸余风

图 3-2-24 撬动闸瓦

图 3-2-25 闸瓦离开踏面

2. ST1-600 型闸调器作用不良

故障表征：车辆基础制动整体偏向一位端，制动缸前后杠杆顺向，移动杠杆倒向摇枕，人力制动机轴链、拉杆链无松余量或松余量不足，闸调器处于极限状态，失去调节作用，如图 3-2-26、图 3-2-27 所示。该故障多发生在装用 ST1-600 型闸调器且进行过人力制动机改造的 C_{62AK}、C_{62BK}、G_{17K} 等型车上。

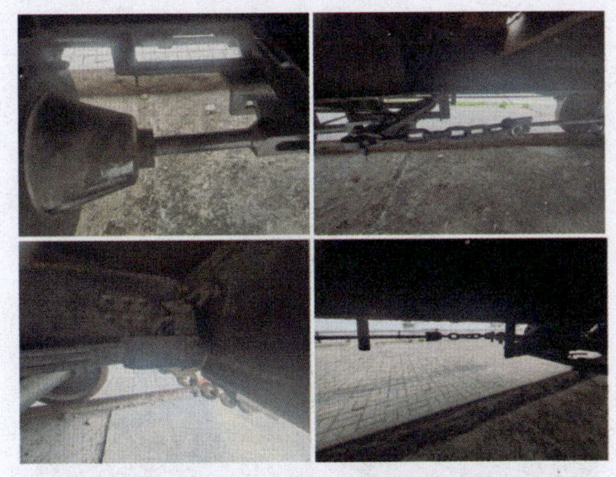

图 3-2-26 轴链、拉杆链拉紧

图 3-2-27 ST1-600 型闸调器调节作用失效

处置方法：拆除人力制动机拉杆链圆销，使用铁丝捆绑加固，恢复闸调器，如图 3-2-28 所示。

图 3-2-28 拆除拉杆链圆销

3. 配件不符合工艺标准

厂、段修时使用了非标准配件或不同车型配件错装，导致基础制动装置卡滞抱闸，如图 3-2-29、图 3-2-30 所示。

处置方法：关闭全车截断塞门，拉动缓解阀拉杆，排净副风缸余风，转动闸调器，使闸调器螺杆伸长。使用撬棍等工具撬动闸瓦，确认闸瓦与车轮踏面有间隙。

图 3-2-29 非标准配件

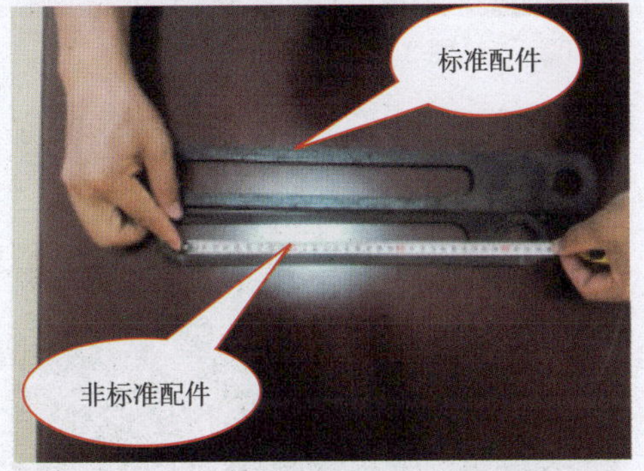

图 3-2-30 非标准配件与标准配件

4. 制动梁滑槽磨耗板脱出或异物导致卡滞

故障表征：制动梁滑槽磨耗板裂损脱出，或异物卡在梁体和枕簧之间，导致制动梁不能沿滑槽回位，如图 3-2-31、图 3-2-32 所示。

处置方法：将制动梁滑槽磨耗板或异物清除，进行制动机全部试验，确认制动梁作用良好、位置正确，如图 3-2-33、图 3-2-34 所示。

5. 闸瓦磨耗过限、同一制动梁两端闸瓦厚度差超过 20 mm

故障表征：车轮闸瓦磨耗过限、同一制动梁两端闸瓦厚度差超过 20 mm 时，制动梁中心线与车体中心线不垂直，使制动梁端部滑块的前端或后端与另一侧的制动梁滑槽形成对角抵触，空气制动机缓解后，卡滞端的闸瓦仍对车轮施以一定压力，使车轮在运行中闸瓦与车轮踏面摩擦产生高温，形成熔渣。随着熔渣积聚，加剧抱闸程度。厚度过限闸瓦及符合要求的闸瓦如图 3-2-35、图 3-2-36 所示。

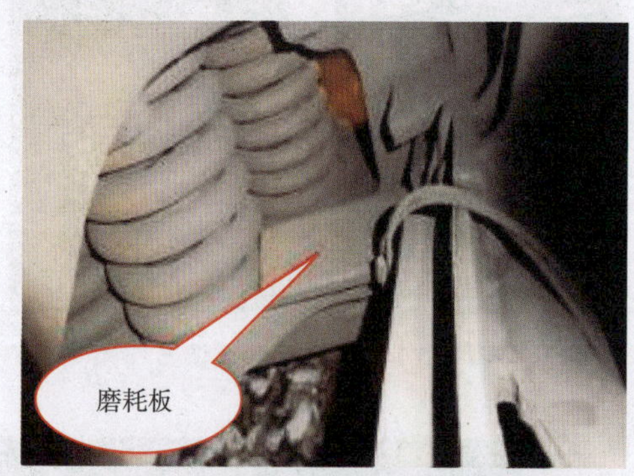

图 3-2-31　制动梁滑槽磨耗板裂损脱出

图 3-2-32　制动梁滑槽异物

图 3-2-33　清除异物

图 3-2-34　制动梁正位

图 3-2-35　厚度过限闸瓦

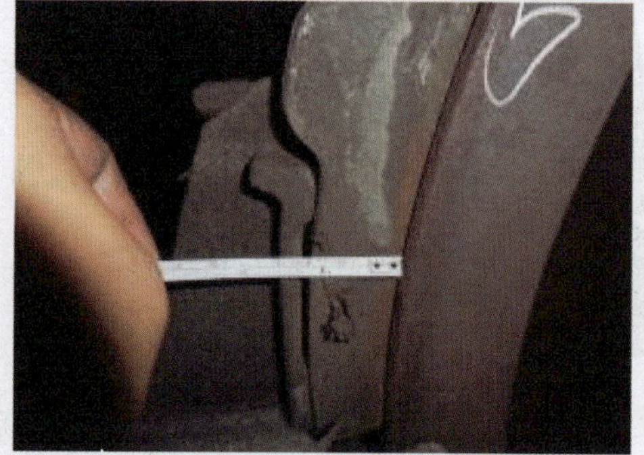

图 3-2-36　符合要求的闸瓦

处置方法：更换符合要求的闸瓦，确认同一制动梁两端闸瓦厚度差符合规定，并进行制动机试验，确认基础制动装置作用良好，如图 3-2-37、图 3-2-38 所示。

三、空气制动装置不良

1. 120 型控制阀不缓解

故障表征：120 型控制阀作用不良，在列车管减压制动、调速后实施充气缓解后，制动缸压缩空气不能完全排向大气，致制动缸活塞不能缩回，如图 3-2-39、图 3-2-40 所示。

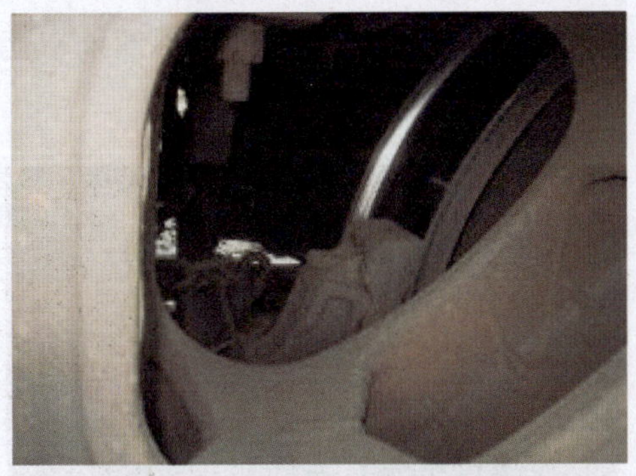
图 3-2-37 换装符合要求闸瓦

图 3-2-38 厚度差符合规定

图 3-2-39 120 型控制阀不良

图 3-2-40 制动缸活塞未缩回

处置方法:(1)更换 120 型控制阀,进行制动机全部试验,确认制动机性能试验良好,如图 3-2-41、图 3-2-42 所示。

(2)如不能更换 120 型控制阀,车辆编挂位置及关门车数量符合技规要求,关闭全车截断塞门,拉动缓解阀拉杆,排净副风缸余风,转动闸调器,使闸调器螺杆伸长。使用撬棍等工具撬动闸瓦,确认闸瓦与车轮踏面有间隙。

图 3-2-41 更换 120 型控制阀

图 3-2-42 卸下 120 型控制阀

2. 传感阀不缓解

故障表征:传感阀上部排气孔堵塞,列车管充风后车辆制动机支管的风压不能排向大气，导致制动缸活塞不能缩回，如图 3-2-43 所示。

处置方法：清除堵塞物，疏通排气孔，恢复传感阀作用位置，进行制动机全部试验，确认传感阀作用良好，如图 3-2-44 所示。

图 3-2-43　传感阀排气孔堵塞

图 3-2-44　疏通传感阀排气孔

3. 限压阀(调整阀)不缓解

故障表征：限压阀排气孔堵塞，制动缸活塞缓解不顺畅、不彻底，如图 3-2-45 所示。

处置方法：清除堵塞物，疏通排气孔，恢复限压阀(调整阀)作用位置，进行制动机全部试验，确认限压阀(调整阀)作用良好，如图 3-2-46 所示。

图 3-2-45　限压阀(调整阀)排气孔堵塞

图 3-2-46　疏通限压阀(调整阀)排气孔

4. 列车主管定压转换导致车辆不缓解

故障表征：列车主管定压为 600 kPa 的列车车辆在减压制动时，由于个别空车制动机过于灵敏，空重车自动调整装置限制副风缸排风，导致副风缸内风压高于 500 kPa，更换主管定压为 500 kPa 的机车充风后，120 型控制阀主阀主活塞主管侧风压小于或低于副风缸侧风压，主活塞无法动作，制动缸不缓解，形成抱闸，如图 3-2-47 所示。

处置方法：拉动车辆缓解阀拉杆，使副风缸风压降至 500 kPa 以下，再进行列车制动机全部试验，确认制动机作用良好，如图 3-2-48 所示。

5. 制动缸不缓解

故障表征：制动缸缓解弹簧折断、弹性衰减，虽然制动缸压缩空气已排向大气，但是制动缸活塞仍不能缩回。制动缸活塞推杆与活塞卡滞，使制动缸活塞不能缩回，如图 3-2-49、图 3-2-50 所示。

图 3-2-47 制动缸不缓解

图 3-2-48 拉动缓解阀拉杆

图 3-2-49 活塞卡滞故障

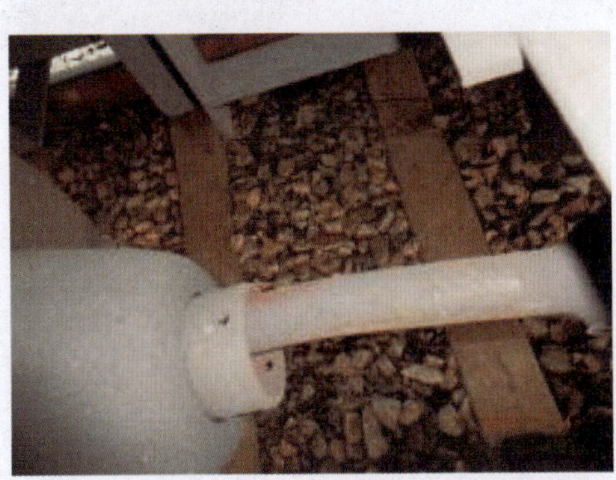

图 3-2-50 活塞推杆故障

处置方法：关闭全车截断塞门，拉动缓解阀拉杆，排净副风缸余风，消除活塞卡滞故障，转动闸调器，使闸调器螺杆伸长。使用撬棍等工具撬动闸瓦，确认闸瓦与车轮踏面有间隙。

四、集成制动装置不良

故障表征：基础制动装置别劲、卡滞，导致车辆运行中闸瓦与车轮踏面摩擦产生高温，形成熔渣。随着熔渣积聚，加剧抱闸程度，如图 3-2-51、图 3-2-52 所示。

图 3-2-51　制动杠杆别劲

图 3-2-52　闸瓦抱紧车轮

处置方法:关闭全车截断塞门,拉动缓解阀拉杆,排净副风缸余风,若卸除制动缸管路上的螺堵后,制动缸仍不能缓解,BAB 型集成制动装置须拆除制动缸一侧闸调器与前制动杠杆之间的扁孔圆销以及闸调器控制杆处的小圆销,使闸瓦远离车轮。DAB 型集成制动装置须拆除制动杠杆与制动梁支柱的连接销或制动杠杆与链蹄环的连接销中的任意一个。拆除圆销后,应将闸调器无圆销端与制动杠杆进行捆绑,防止其脱落,使用撬棍等工具撬闸瓦,确认闸瓦与车轮踏面有间隙,如图 3-2-53、图 3-2-54 所示。

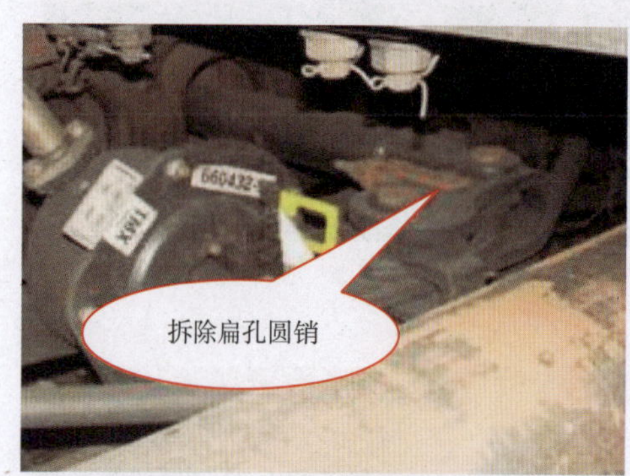

图 3-2-53　拆除扁孔圆销

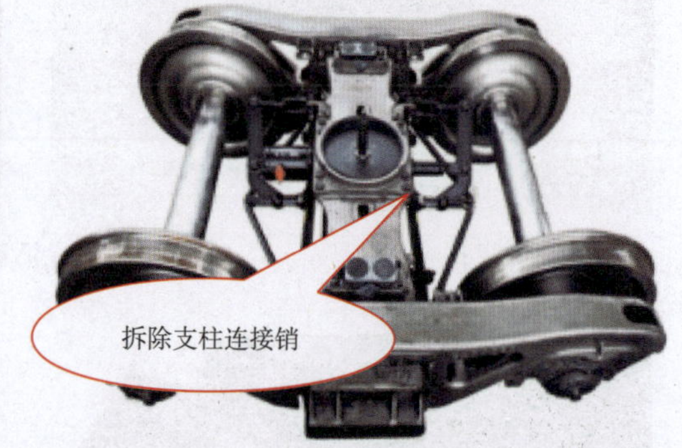

图 3-2-54　拆除支柱连接销

第三节　车辆抱闸故障处置准备及案例

一、工装设备、材料及票据资料

1. 携带检测器具、工装设备:无线风压仪、钢卷尺、闸调器试块、对讲机、检查锤、检车灯、活口扳手、红旗、频闪红灯、插口扳手、碳素笔、石笔、笔记本电脑、照相机、音视频记录设备、应急照明灯、角磨机、电动扳手、各型撬棍、扁铲、止轮器等。

2. 材料:闸瓦、闸瓦插销、各型螺栓及螺母、各型 E 形垫圈、铁丝等。

3. 票据手册:车统—15A、车辆抱闸处理单等。

二、抱闸故障案例

案例一:风压转换。

某日 14 时 32 分,某列车因机后第 36 位 C_{64K} 型车、第 37 位 C_{70H} 型车车辆冒烟停于区间，车辆关门处理后于 14 时 59 分开车。

原因：因列车主管定压转换导致车辆抱闸冒烟。

案例二：制动缸故障。

某日 8 时 37 分，某列车最后一位 NX_{70A} 型车缓解不良，检查处理后 9 时 19 分开车。

原因：一是由于该车主动润滑式制动缸导向带脱出导向带槽，卡在润滑套与制动缸内壁之间，当制动缸缓解时，活塞缓解至一定位置时影响活塞圆周转动及垂向运动，造成制动缸缓解不彻底；二是由于安装在活塞上的 3 个弹簧片自由高度差过大，当活塞缓解至弹簧片与齿圈接触位置时，造成活塞受力不均匀，影响活塞运动距离，导致该车制动缸活塞偶发不能全部复位故障。活塞故障如图 3-3-1、图 3-3-2 所示。

图 3-3-1 活塞卡滞故障

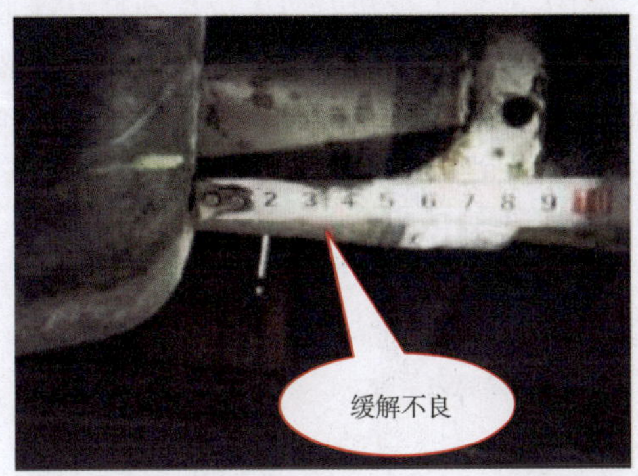

图 3-3-2 活塞未复位

案例三：120 型控制阀主阀膜板穿孔。

某日 11 时 49 分，某站 THDS 探测站预报列车机后第 7 位 C_{62BK} 型车疑似抱闸，12 时 12 分到达前方站，关门处理后 13 时 34 分开车。

原因：由于车辆装用的 120 型控制阀主阀主活塞膜板上有 6 mm 左右的穿孔，主活塞上下压力不稳定，控制阀性能不稳定。开车后，列车在运行中实施小减压量制动，然后缓慢充风缓解时，主活塞行程移动缓慢，复位困难，导致闸瓦和车轮踏面摩擦生热，被 THDS 设备探测产生疑似抱闸波形。THDS 探测站通过后，主活塞复位，闸瓦和车轮踏面摩擦逐渐降低。主阀膜板故障如图 3-3-3 所示。

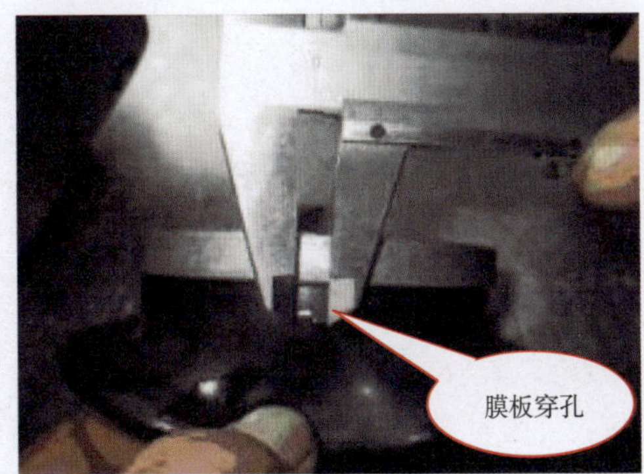

图 3-3-3 主阀膜板故障

案例四：连接板不符合工艺标准。

某日 20 时 47 分，某列车机后第 30 位 C_{62AK} 型车左 2 轴抱闸，甩车后 21 时 46 分开车。

原因：该车装用制动缸前杠杆与控制杠杆连接板定位孔中心距离为 312 mm（设计尺寸 355 mm），属配件装用错误。连接板尺寸过小时，在前杠杆与控制杠杆之间施加拉拽作用，影响基础制动装置缓解复位，造成制动梁缓解不到位，车辆处于轻微带闸运行状态，运行过程中闸瓦与踏面剐蹭、切削，逐渐形成熔渣并加剧抱闸现象。

案例五：移动杠杆弯曲。

某日 7 时 23 分，某列车机后第 42 位 C_{70} 型车有异响，7 时 26 分停于区间，检查后 8 时 15 分开车。

原因：车辆 1 位转向架 1 位移动杠杆弯曲度接近上限，车辆缓解时，移动杠杆与制动梁支柱发生干涉，造成闸瓦不能完全离开车轮踏面，闸瓦与车轮踏面间隙过小，加之闸瓦材质不良，有硬质颗粒，运行中闸瓦与车轮长时间贴靠摩擦，逐渐形成熔渣，与车轮踏面摩擦发生异音。移动杠杆故障如图 3-3-4、图 3-3-5 所示。

图 3-3-4　移动杠杆弯曲故障

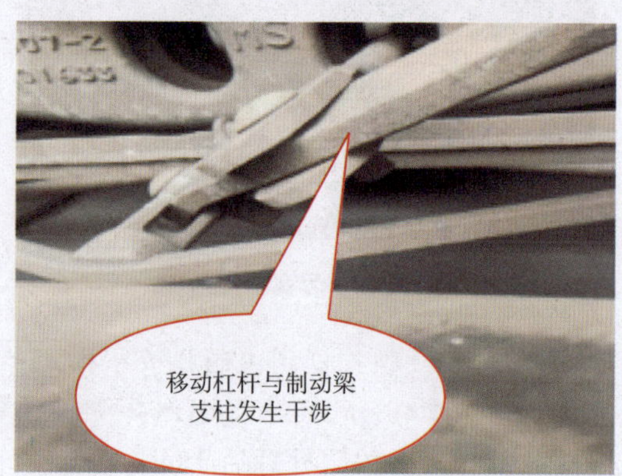

图 3-3-5　移动杠杆出现干涉

第四章　车钩缓冲装置故障应急处置

第一节　钩缓装置型号组成及功用

目前，我国新型铁路货车正在向 23 t、25 t、30 t 轴重发展，车钩由强度较低的普通铸钢制造的 2 号、13 号车钩发展到由 C 级钢、E 级钢制造的高强度 13A 型、13B 型小间隙车钩以及 E 级钢制造的联锁型高强度 16 型转动车钩、17 型固定车钩；缓冲器由小容量的 2 号弹簧摩擦式、MX-1 型橡胶摩擦式发展成大容量的 MT-2 型、MT-3 型、HM-1 型、HN-1 型弹簧摩擦式，且性能优良、容量更大的缓冲器正在研制过程中。

车钩缓冲装置具有使车辆相互连接、传递牵引力以及缓和列车运行中的冲击力等作用，安装在车辆底架上中梁两端的牵引梁内，由车钩、缓冲器、从板、钩尾框、钩尾销及解钩装置等组成。钩尾销将车钩和钩尾框连成一体，并在钩尾框内安装前从板、缓冲器和后从板（有时不需安装后从板）。

车钩缓冲装置使车辆具有连接、牵引和缓冲三种作用。车钩用来实现列车的连挂和传递牵引力及冲击力作用；缓冲器用来缓和列车冲撞时产生的动力作用；从板及钩尾框起到传递纵向力作用。车钩缓冲装置组成如图 4-1-1 所示。

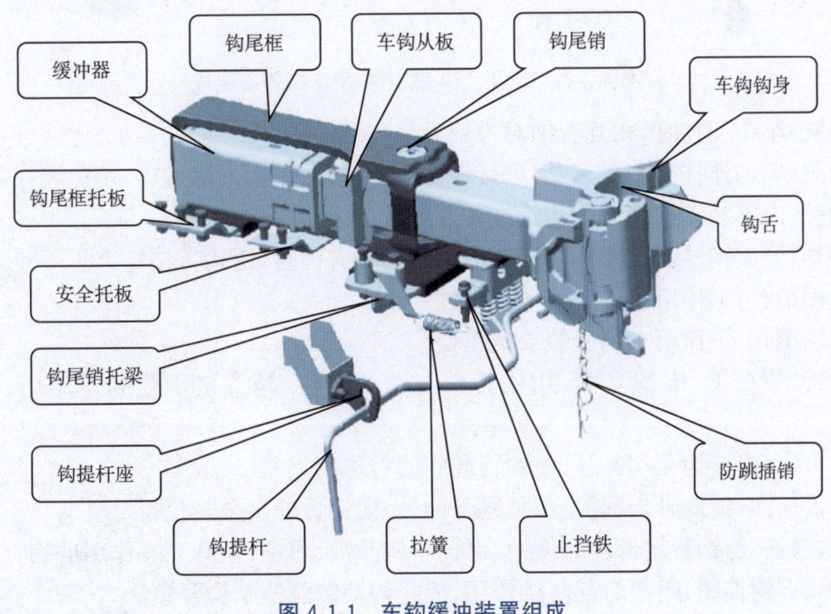

图 4-1-1　车钩缓冲装置组成

第二节　车钩种类及组成

我国铁路货车车钩主要有 13 号、13A 型、13B 型、16 型和 17 型几种类型的车钩。

一、13 号、13A 型、13B 型车钩各部组成及功用

1. 钩头部分

车钩钩头部分的主要作用是实现车钩的连挂、牵引并传递运行中牵引及冲击力作用，主要由以下几部分组成，各部组成如图 4-2-1 所示：

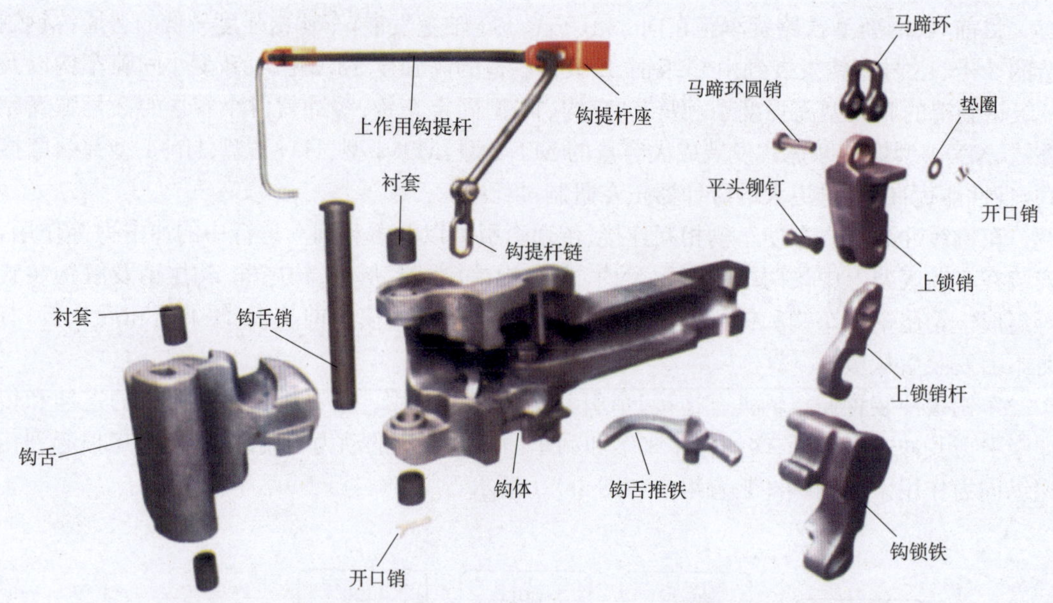

图 4-2-1　13 号、13A 型、13B 型车钩各部组成

(1)钩腕：车钩连挂时，相互容纳对方钩舌。

(2)钩肩：车钩连挂冲击时，钩肩可接触冲击座，限制车钩内移过大，避免缓冲器破损。

(3)钩腔：内部装有钩锁铁及钩舌推铁。

(4)钩耳：分上钩耳及下钩耳，在上、下钩耳间装有钩舌，用钩舌销穿上。

(5)上锁销孔：上作用车钩安装上锁销处。

(6)下锁销孔：下作用车钩安装下锁销处。

(7)钩舌：装在上、下钩耳间，用钩舌销与钩耳连接，是直接承受列车牵引、冲击力的部件。

(8)钩舌销：连接钩舌与钩耳，使钩舌起到回转作用。

(9)钩舌推铁：提钩时，其踢足部可踢开钩舌，使钩舌处于全开位置。

(10)钩锁铁：与钩舌尾部配合使用，保证车钩开锁、闭锁、全开三态作用准确。

(11)上、下钩锁销：闭锁时起防跳作用，提起钩锁销能使车钩开锁。

2. 钩身部分：车钩钩身部分的主要作用是传递列车水平牵引和冲击力，是钩头和钩尾之间的部分。

3. 钩尾部分：车钩钩尾部分的主要作用是实现车钩与缓冲部分的连接作用，同时传递列车水平牵引和冲击力。车钩钩尾部分带有圆孔或扁孔，用钩尾扁销（钩尾圆销）及扁销螺栓组装连接车钩钩尾框。

二、16 型、17 型车钩各部组成及功用

1. 钩头部分

车钩钩头部分主要为钩舌等零件提供安装空间及保证车钩三态作用性能。16 型、17 型车钩各部组成如图 4-2-2 所示，17 型车钩钩腔内部结构如图 4-2-3 所示。

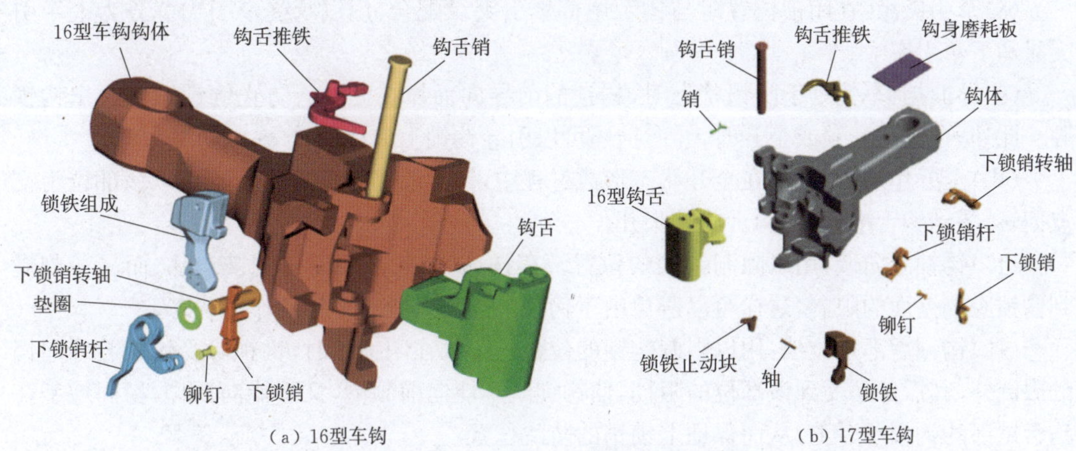

图 4-2-2 16 型、17 型车钩组成

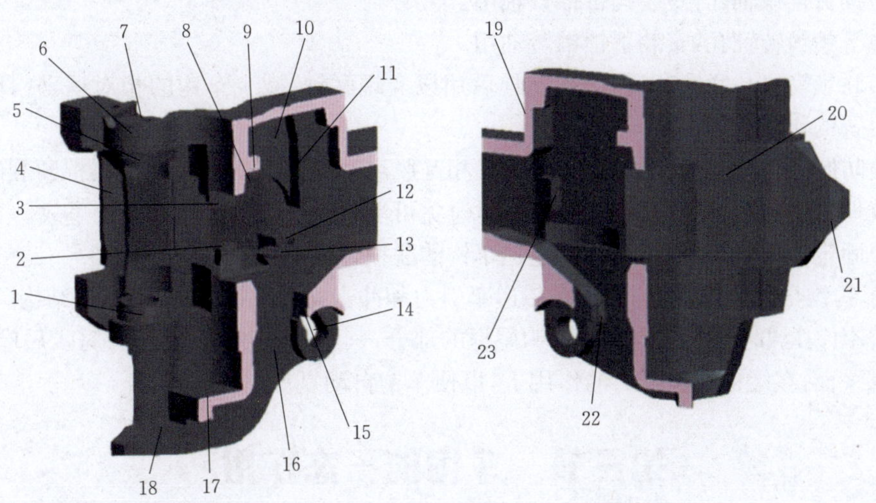

1—下护销突缘；2—下牵引突缘；3—上牵引突缘；4—联锁套口；5—上护销突缘；6—钩耳；7—钩耳孔；8—导向挡；9—全开作用台；10—钩锁腔；11—钩锁导向壁；12—钩舌推铁挡块；13—钩舌推铁轴孔；14—下锁销转轴孔；15—下锁销杆防跳台；16—下锁销孔；17—防脱台；18—联锁辅助支架；19—钩肩；20—钩腕；21—联锁套头；22—锁腿导向槽；23—钩锁后部定位挡。

图 4-2-3 17 型车钩钩腔内部结构

（1）钩腕：两车钩连挂时，借以相互容纳对方的钩舌，使两个钩舌彼此握合，并限制对方车钩钩舌产生过大的横向移动，防止车钩自动分离。

(2)钩锁腔:容纳并安装钩锁、钩舌推铁等零件。

(3)上、下钩耳:安装钩舌用。

(4)钩耳孔:可供插入钩舌销,用以保护钩舌销不受牵引力和冲击力的影响而折损。钩耳孔为一长圆孔,长径 46.5 mm(沿车钩牵引方向)、短径 45 mm(垂直于车钩牵引方向)。

(5)下锁销孔:安装下锁销处。

(6)钩肩:当车钩受到过大的冲击力时,钩肩与冲击座相接触,从而将部分冲击力直接传给车底架,避免后从板座和缓冲器过载破损。

(7)护销突缘:用以保护钩舌销。分为上护销突缘和下护销突缘。

(8)牵引突缘:在闭锁位置时与钩舌尾部牵引突缘配合,用以承受牵引力。分为上牵引突缘和下牵引突缘。

(9)导向挡:车钩处于闭锁状态时,钩锁的前导向面靠在此处。防止钩锁倾倒脱出钩锁腔。此外,在车钩开锁或全开时,导向挡还可以引导钩锁上下移动。

(10)全开作用台:车钩在全开状态形成过程中,钩锁前部的全开回转支点以该部位为支点回转,踢动钩舌推铁,使钩舌旋转张开。

(11)钩锁导向壁:用以限制钩锁的位置。车钩在闭锁、开锁的一侧被挡住,而另一侧受到钩锁腔侧壁面的限制,这样可以避免由于钩锁的摆动而影响车钩的作用状态。

(12)钩锁后部定位挡:用以限制钩锁的位置。车钩在闭锁位时,钩锁除受钩锁腔导向挡的限制外,其后部还受到该部位的阻挡,使钩锁既不能向前倾倒,又不能向后仰,稳固地坐在钩舌尾部的钩锁承台上,从而保证上锁销的防跳位置。

(13)钩舌推铁挡块:用以确定钩舌推铁的位置,防止钩舌推铁在转动过程中歪斜。

(14)钩舌推铁轴孔:安装钩舌推铁轴用。

(15)下锁销转轴孔:安装下锁销转轴用。

(16)联锁套口与联锁套头:车钩连挂后用以实现联锁,减少车钩的相对运动,具有类似牵引杆装置的作用。

(17)防脱台:用以防止两连挂车钩自动相互脱离;同时在车钩钩身、钩尾框断裂时,防脱台能有效地挡住断裂的车钩跌落到线路上,避免可能由此而引起的列车脱轨事故。

(18)固定辅助支架:用以辅助两连挂车钩的联锁,减少车钩的相对运动。

2. 车钩钩身部分:车钩钩身用来传递牵引力和冲击力,铸成中空矩形断面结构。

3. 车钩钩尾部分:车钩钩尾安装钩尾框的部分,其上开有长圆形钩尾销孔,后端面为球面或垂直平面,在缓冲器伸张力的作用下,以便车钩自动复位。

第三节　车钩的三态作用

一、三态作用

车钩在正常使用中有三种工作状态,通常称为车钩的“三态”。

1. 全开位置:钩锁铁被充分提起,钩舌转动到最大开放位置,两车连挂时至少有一端车钩应在此位置。

2. 闭锁位置:机车与车辆或车辆与车辆之间,两车钩互相连接的位置。

3. 开锁位置：车钩内部零部件已处于开锁位置，当受外力转动钩舌时，车钩即可形成全开位置，两车钩摘解时至少有一端车钩应在此位置。

车钩三态作用试验

二、车钩三态作用试验

1. 全开试验：在闭锁位时，持续稳定地转动钩提杆的手把，钩舌应达到全开位置，如图 4-3-1 所示。

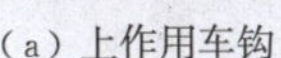

（a）上作用车钩

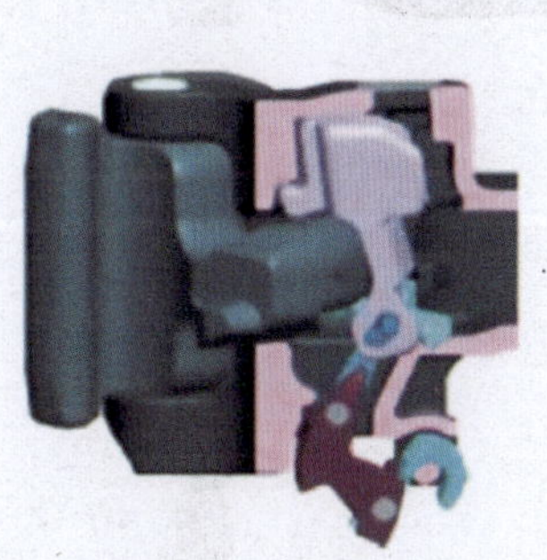

（b）下作用车钩

图 4-3-1 车钩全开位置

2. 闭锁试验：在全开位时，持续稳定地推动钩舌鼻部，钩舌应转动到闭锁状态，同时钩锁落到闭锁位置，此时向外扳动钩舌鼻部，钩舌呈牵引状态。

闭锁注意事项：钩舌呈牵引状态时，须符合 13A(B)型下作用车钩，16 型、17 型车钩闭锁位下锁销杆显示孔须完全可见，如图 4-3-2 所示。车钩闭锁位钩舌鼻部与钩体正面距离不大于 100 mm；13A 型、13B 型车钩闭锁位不大于 132 mm；13 号车钩闭锁位，装用 13 号钩舌时不大于 135 mm，装用 13A 型、13B 型钩舌时不大于 132 mm，如图 4-3-3 所示。

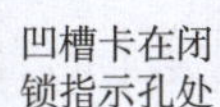

图 4-3-2 闭锁位下锁销杆显示孔

3. 开锁试验：在闭锁位时，转动钩提杆的手把，使钩锁坐锁面抬高到钩舌尾部以上，轻轻放下钩提杆，此时钩锁开锁，坐锁面坐落在钩舌推铁的坐锁台上，用手拉动钩舌时，钩舌应能转动到全开位置，钩舌张开最大量时，须符合 16 型、17 型车钩全开位钩舌鼻部与钩腕的内侧距离不小于 219 mm；13 号车钩全开位，装用 13 号钩舌时不大于 250 mm，装用 13A 型、13B 型钩舌时不大于 247 mm，如图 4-3-4 所示。

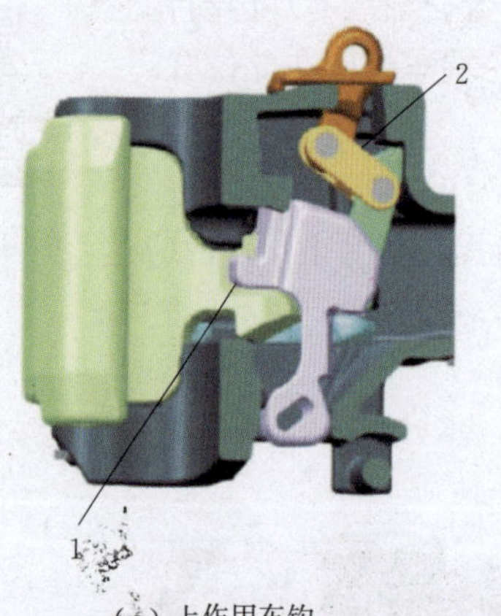

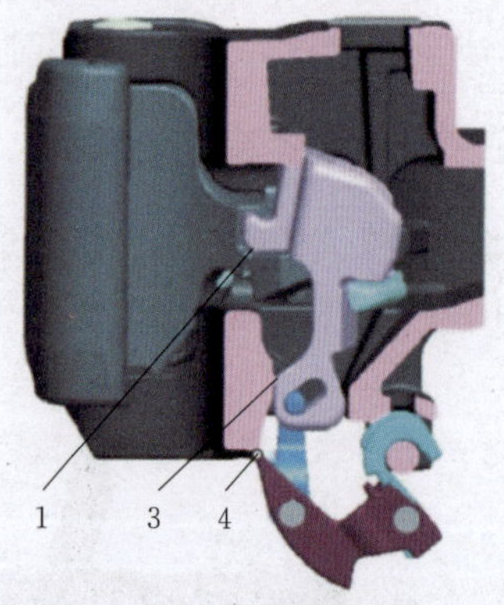

（a）上作用车钩　　（b）下作用车钩

1—钩锁位置；2—上作用防跳位置；3—下作用一次防跳位置；4—下作用二次防跳位置。

图 4-3-3　车钩闭锁位置

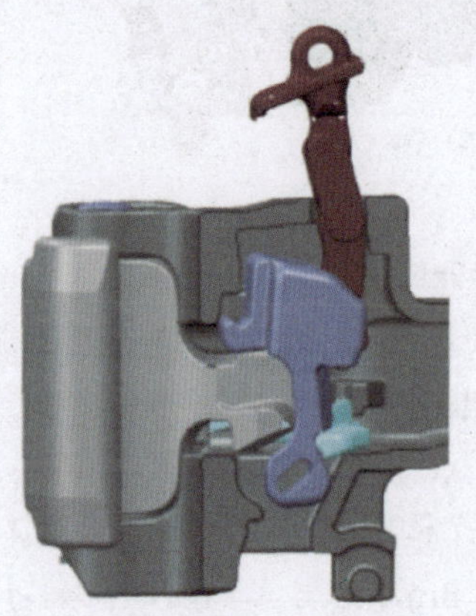

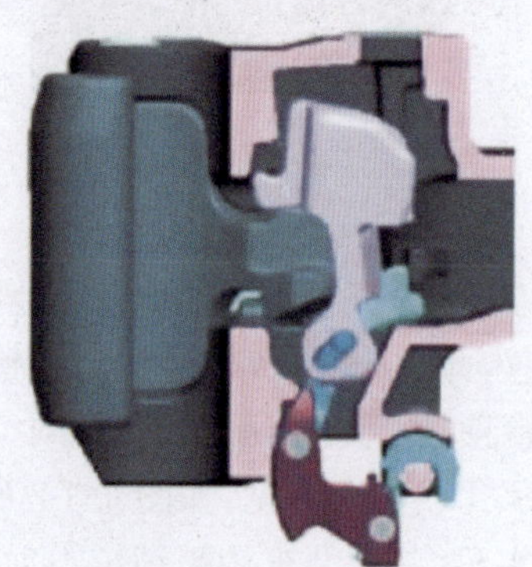

（a）上作用车钩　　（b）下作用车钩

图 4-3-4　车钩开锁位置

第四节　铁路货车运用常见车钩故障

一、车钩三态作用不良

1. 闭锁不良

(1)故障现象

用手轻轻推动钩舌时，钩舌能转到完全闭合的位置，但钩锁不能顺利地落到锁定位置；钩舌不能转动到闭合的位置；上锁提落下后，上锁提下平面与锁销孔上平面接触不良，形成假落锁。闭锁不良故障如图 4-4-1 所示。

(2)原因分析

①钩锁接触面及钩舌尾部磨耗后堆焊过多，使钩锁不能落下；防跳部分磨耗失去防跳作用，在运行时受到振动易自动开锁；当钩头各零件磨耗过限或钩腕外胀变形超限时，会使钩腕内距超限，车辆在弯道上运行时易自动脱钩。

②上锁销杆挂钩口磨耗过限，在列车运行时，必然造成上锁销杆窜动加大，从而使上锁销杆防跳部位及钩腔防跳台磨耗加剧。若在规定周期内失效，进而造成上锁销二次防跳部位快速磨耗。若二次防跳再失效，则列车运行中随时都有可能发生车钩分离事故。

③钩舌尾部制造尺寸过大，闭锁时与钩体发生阻抗，使钩舌不能到达闭锁位，导致钩锁无法落下，从而造成自动开锁。

④钩提链松余量过小、钩提杆弯曲、钩提杆与座孔槽的间隙过大或过小等原因都会造成自动开钩。

图 4-4-1　车钩闭锁不良

2. 开锁不良

(1)故障现象

用手缓慢提起钩提杆时，使闭锁位的钩锁抬高到钩舌尾部以上，然后将钩提杆回转并放松，此时钩锁开锁，坐锁面不能坐落在钩舌推铁上，上锁提落入上锁销孔，如图 4-4-2 所示。

图 4-4-2　车钩开锁不良

(2)原因分析

①主要是由于钩锁开锁，坐锁面磨耗或堆焊后外形不符合图纸尺寸或钩舌推铁锁座磨耗等因素造成。

②上锁销组成组装间隙超限(主要是存在毛刺、油漆等杂物)，易形成转动阻力，使上锁提、上锁销、上锁销杆不能自由转动到位，极易造成开锁不良等故障。

3. 全开不良

(1)故障现象

用手提起钩提杆时,钩舌旋转不易达到全开最大位,需用手扳动钩舌后才能达到全开位。

(2)原因分析

钩舌推铁弯曲或磨耗、钩舌销孔与钩耳孔中心偏差过大会造成全开位不良。钩舌销孔上下面距离过大或钩舌尾部尺寸过大,组装后与钩体配合过紧,也会造成全开位不良。

(3)钩舌推铁主要部位结构如图 4-4-3 所示,其工作示意如图 4-4-3 至图 4-4-7 所示。

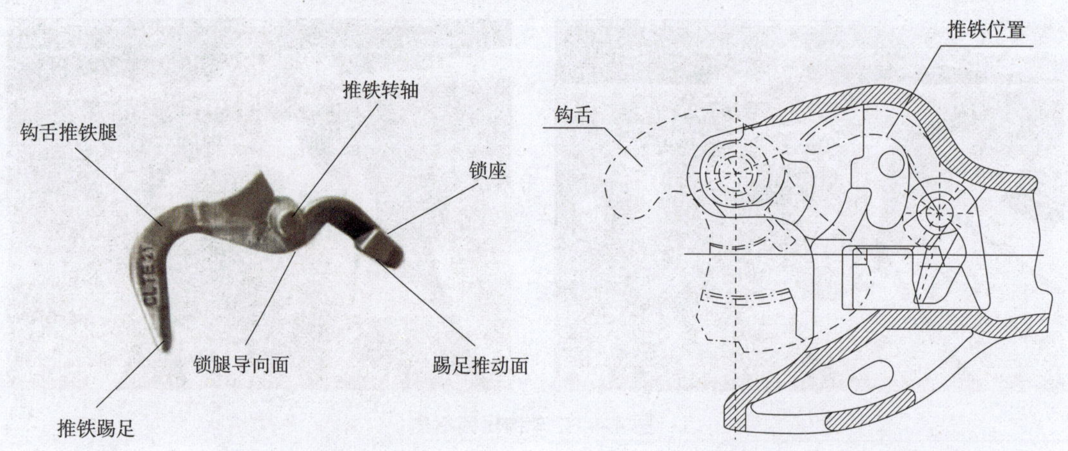

图 4-4-3　钩舌推铁各主要相关部位　　图 4-4-4　手动达到全开位后钩舌推铁位置

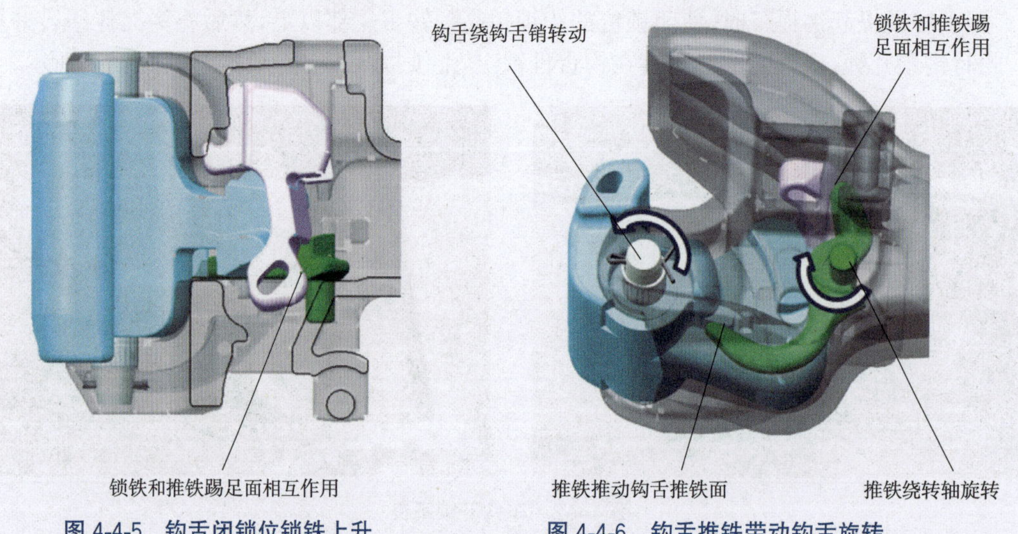

图 4-4-5　钩舌闭锁位锁铁上升　　图 4-4-6　钩舌推铁带动钩舌旋转

4. 无法试验车钩三态作用

(1)故障现象

钩舌推铁挤在钩舌下部:当用手提起钩提杆时,钩舌不动;用手扳动钩舌仍保持不动,检查钩舌下部钩舌推铁露出头部,如图 4-4-8 所示。

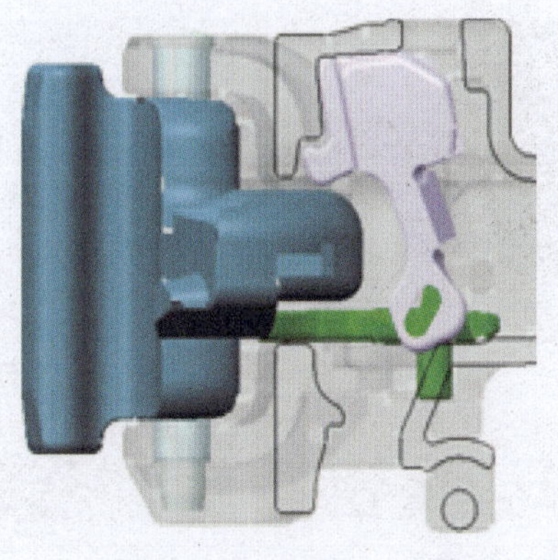

（a）锁铁

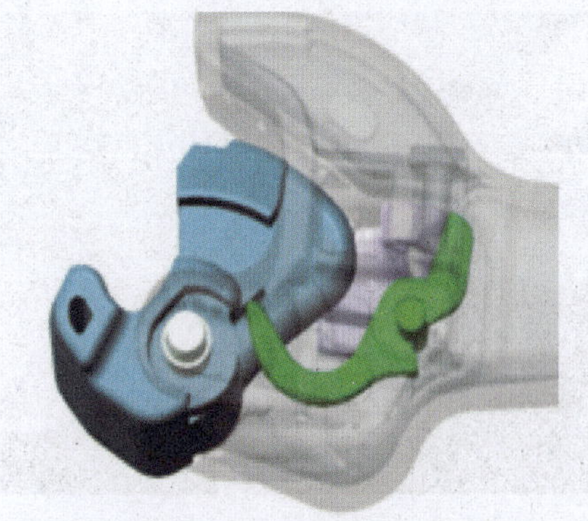

（b）钩舌推铁

图 4-4-7 钩舌全开时极限位置

图 4-4-8 钩舌推铁挤在钩舌下部

钩舌推铁变形：用力提起钩提杆，钩舌不动；检查车钩配件齐全，判断钩舌推铁变形，用手扳动钩舌能达到全开位，如图 4-4-9 所示。

图 4-4-9 钩舌推铁变形

车钩假落锁：钩舌完全转入钩腔内，但上作用车钩上锁销不能完全坐落在钩头上，下作用车钩下锁销观察孔不完全可见，这两种工况下，钩舌受外力牵引呈全开状，如图 4-4-10 所示。

（2）原因分析

钩舌推铁挤在钩舌下部：一般发生在 13A(B)型车钩上，主要是钩耳销孔与钩舌组装间隙过大或超限，钩舌推铁不能完全复位卡滞在钩腔内，连挂时冲击力过大造成钩舌推铁挤在钩舌下部。

钩舌推铁弯曲变形：车钩连挂时存在较大的冲击力，致使钩舌推铁受力过大造成弯曲变形，全开位置时，钩舌推铁踢足面不能踢开钩舌形成全开位。

车钩假落锁：上锁销三连杆机构转动不灵活，下锁销或转轴有卡滞现象，或钩腔内有异

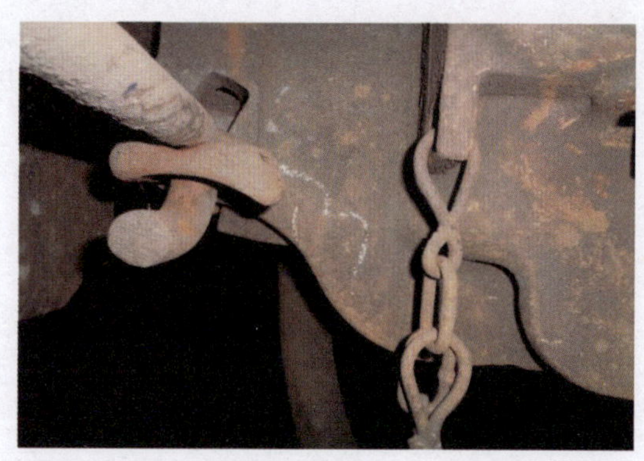

图 4-4-10　上、下作用车钩假落锁

物，都易造成钩锁铁不能完全坐落在钩舌推铁上造成闭锁不良形成假落锁现象。

(3)钩舌推铁变形过程及相关防范建议

因钩舌及钩舌推铁为非精密铸钢配件，在车辆和机车连挂过程中，连挂人员人力提动车钩钩提杆，上锁销、上锁销杆和钩锁铁被充分提起，钩锁铁脚部向后踢动钩舌推铁的一端，钩舌推铁围绕转轴旋转，另一端猛踢钩舌尾部，钩舌被推开，钩舌呈全开状态。机车进行连挂时，机车车钩与连挂车钩先产生纵向力，后推动钩舌旋转闭锁，车钩运用过程中需多次进行连挂，钩舌推铁受纵向冲击力较多，易导致钩舌推铁发生变形问题，造成钩锁铁无法落到钩舌推铁上，从而导致车钩上锁销不落槽，该故障为货车运用故障。

为避免车钩冲击连挂时的大冲击力造成推铁踢足部过渡位置磨耗或弯曲变形。车钩打开过程中，先使用提钩杆将车钩打开到开锁位，此时向外扳动钩舌鼻部，使车钩达到全开位。此方法需改变现场既有的操作习惯，但能保证钩舌推铁仍然停留在闭锁位置，避免车钩冲击连挂时对钩舌推铁的冲击。

二、车钩钩尾销限位挡板窜出

1. 故障现象

钩尾销限位挡板脱落在钩身上或卡滞在冲击座与钩肩之间。

2. 原因分析

钩尾销限位挡板结构是由一块槽型板和一块平面磨耗板叠放焊接组成，焊接作业中由于作业人员焊接质量不高，加之运行中钩尾部分与牵引梁前端不断冲击、摩擦等原因造成钩尾销限位挡板脱落，如图 4-4-11 所示。

三、车钩互钩差超限

1. 故障现象

车辆连挂时，两车钩中心线高度差超过 75 mm，通过路基松软地段时易造成列车分离隐患，如图 4-4-12 所示。

2. 原因分析

车钩中心线高度不符合运用限度要求，13A(B)型车钩钩身下垂或钩尾框间隙过大造成钩头低，17 型车钩弹性支撑座弹簧折损、力弱造成钩头下垂。

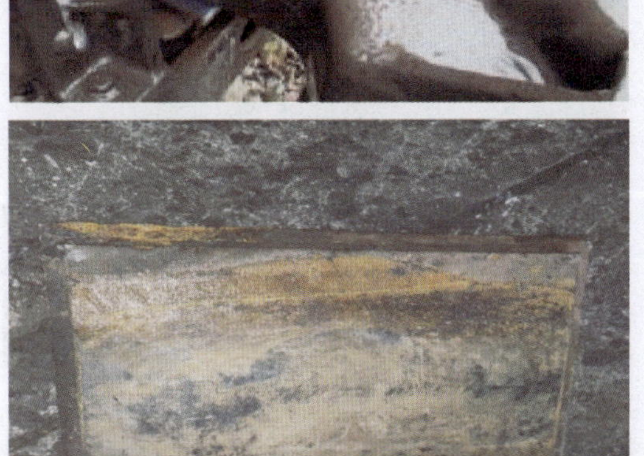

图 4-4-11　车钩钩尾销限位挡板窜出

图 4-4-12　车钩互钩差超限

3. 互钩差测量方法

方法一：两连接车钩的钩体与钩体托梁接触、钩尾框与钩尾框托板接触，将卷尺或钢尺的 0 刻度端放于两连接车钩的两个钩舌底端的钩舌上部上端，读出卷尺或钢直尺上端与高端的钩舌上部上端平面对应尺寸；再将卷尺或钢直尺的 0 刻度端放于两连接车钩的两个钩舌下部底端的钩舌下部下端，读出卷尺或钢直尺上端与高端的钩舌下部下端平面对应尺寸；两尺寸相加除以 2 得出的数据即为两连接车钩中心水平线高度之差尺寸。

方法二：两连接车钩的钩体与钩体托梁接触、钩尾框与钩尾框托板接触，用卷尺或钢直尺测量两连接钩舌的中心线，读出测量数值，即为两连接车钩中心水平线高度之差尺寸。

四、车钩支撑座卡滞

1. 故障现象

17 型车钩弹性支撑座支撑弹簧卡滞造成不复位，致使支撑座不复位车钩钩身下垂，引起车钩互钩差超限，如图 4-4-13 所示。

图 4-4-13　车钩支撑座卡滞

2. 原因分析

由于支撑座磨耗板外胀、倾斜、磨耗等隐患，当车辆经翻车机卸车时弹簧不复位或卡滞在支撑座腔内不能正常复位，或当支撑座受力下移到磨耗板外胀、倾斜、磨耗等部位时，导致支撑座与冲击座腔密贴卡滞不复位。

3. 支撑座尺寸

车钩支撑座内宽名义尺寸为 62 mm，未注公差为±1.4 mm，前后侧厚度分别为 11 mm，未注公差为±1.1 mm。车钩支撑座外宽 84 mm，最小尺寸为 80.4 mm，最大尺寸为 87.6 mm。冲击座内腔名义尺寸为 97 mm，未注公差为±1.6 mm，冲击座内腔最小尺寸为 95.4 mm，最大尺寸为 98.6 mm。前后磨耗板厚度分别为 3 mm。冲击座与车钩支撑座组装位置确定理论名义间隙共计为 7 mm，前部间隙为 3.5 mm，后部间隙为 3.5 mm。支撑座尺寸标注与装配间隙如图 4-4-14、图 4-4-15 所示。

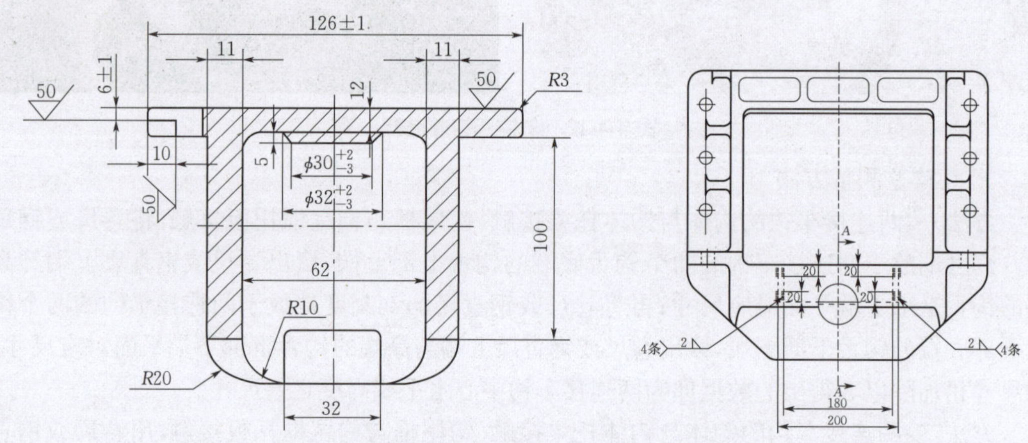

图 4-4-14　支撑座尺寸标注(单位:mm)

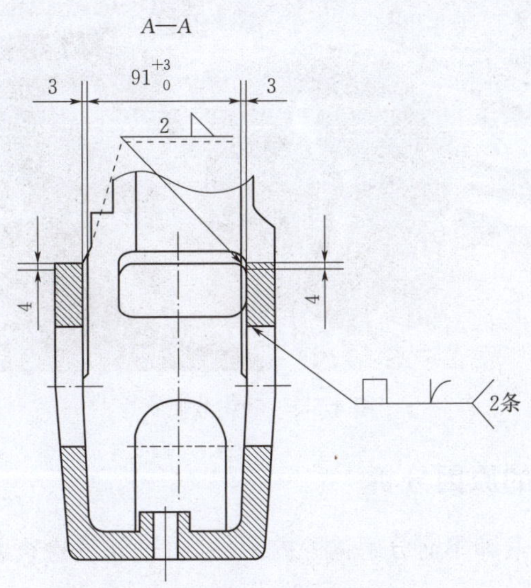

图 4-4-15 支撑座装配间隙(单位:mm)

第五节 列车分离

一、列车分离的分类

因车钩缓冲装置故障造成列车分离原因很多,归纳起来可以分为三大类,即闭锁分离、开锁分离和断钩分离,如图 4-5-1 至图 4-5-3 所示。

二、车钩闭锁分离的原因分析

1. 闭锁位磨耗过限是指钩舌鼻部至钩腕内侧距离过大,如两相邻车均在闭锁位出现磨耗,则在机车牵引力过大或在长大下坡道时,由于两钩舌包容量较小,易造成列车分离。

2. 货车运用中钩舌外胀过限,两钩舌相互包容量较小,易造成列车分离。

3. 互钩差过限,这种现象在货车运用中比较常见。在遇有路基松软地段、上坡下坡交界点、空重车混编等条件同时具备或是具备两者之一时,极易发生列车分离。

图 4-5-1 闭锁分离

图 4-5-2 开锁分离

图 4-5-3　断钩分离

三、车钩开锁分离的原因分析

1. 外部因素：外部因素即不需分解钩腔内配件，通过外观检查、测量即能发现造成列车分离的原因。

(1)连挂中后部车辆钩提杆链松余量过小，运行中遇有较大冲击，车钩缓冲装置瞬时后移，由于松余量不足，相当于瞬时提钩，当车钩在承受牵引力时顺势开锁，造成列车分离；同样条件下，前部车辆钩提杆链松余量过小，运行中减速时后部车辆由于惯性冲击前部车辆，车钩缓冲装置瞬时前移，由于松余量不足，同样相当于瞬时提钩，当车辆在承受牵引力时顺势开锁，造成列车分离；当钩提杆座磨耗过限，甚至脱落造成瞬时提钩，从而导致列车分离；运行中出现列车碰撞，调车作业巨大冲击造成冲击座破损、牵引梁铆钉折断等，都有可能造成车钩松余量过小，从而导致列车分离，如图 4-5-4、图 4-5-5 所示。

图 4-5-4　松余量过小

图 4-5-5　钩提杆脱落

(2)由于铸造钩尾框出现铸造缺陷或疲劳裂纹，运行中如果遇有较大冲击力、牵引力，极易造成缓冲器位置后移，从而导致松余量过小，造成列车分离。

(3)下作用车钩钩提杆座孔槽间隙过小，或磨耗经焊修后未清除熔渣造成钩提杆不能完全坐入凹槽，运行中遇有较大振动时可能造成钩提杆脱出，此时如被篷布绳索等物品带起，可能引起列车分离；钩提杆座孔槽间隙过大，运行中钩提杆不断跳动可能造成的两种危害，一是跳起脱离钩提杆座孔槽遇有上述情况时造成列车分离，二是不断冲击钩提杆座，加剧对钩提杆座的磨耗，甚至造成钩提杆座发生磨耗穿透，从而造成分离事故。

2. 内部因素:内部因素即需通过分解、测量钩腔内部配件来判断列车分离的原因,通常为钩腔内配件磨耗过限、变形等造成车钩防跳失效,进而导致列车分离。

(1)钩体钩腔防跳台磨耗,通常为检修作业中未能按标准进行打磨或加修质量不高,破坏防跳台原形,车辆运行中因振动造成锁销脱出防跳台,造成防跳失效,进而导致列车分离。

(2)钩腔内侧壁磨耗过限,通常为车辆运行中锁铁在钩腔内不断窜动,造成内侧壁磨耗后钩锁铁活动空间增大,进一步加剧了运行中的振动,达到一定幅度时带动锁销脱出钩腔内防跳台,造成防跳失效,进而导致列车分离。

(3)上、下锁销正常位置为自然导入钩体钩腔内防跳台,当上、下锁销防跳台磨耗过限后,车辆运行中锁销防跳台与钩腔内防跳台不能完全搭接,失去防跳作用。当钩腔内其他配合配件处于临界状态时,在车辆运行中因振动导致锁销脱出防跳台,造成防跳失效,进而导致列车分离。

(4)钩锁铁侧壁一侧通过与钩舌尾部接触阻挡钩舌转动,另一侧与钩腔内侧壁接触限定了钩舌的活动范围,从而保证车钩正常作用。当锁铁立面或导向面磨耗时,造成锁铁在钩腔内活动范围扩大,加剧各配件磨耗,在车辆运行中带动锁销脱出防跳台,造成防跳失效,进而导致列车分离。

(5)当车钩处于闭锁位置时,锁铁闭锁位坐锁台坐在钩舌推铁的锁座上,当推铁锁座发生磨耗时,造成钩锁铁不能完全坐在锁座上,锁铁位置下移带动锁销位置下移,致使锁销脱离防跳台,造成防跳失效,进而导致列车分离。

(6)下锁销防跳保护值过限,钩锁销顶部如果不能和下作用钩腔"防跳台"在跳动时完全搭接,则会出现 13 系列车钩防跳失效,17 型车钩锁销导入钩舌尾部"承台"后侧,造成防跳失效,进而导致列车分离。

四、车钩断钩分离的原因分析

1. 由于列车牵引吨数的增加和运行速度的提高,使车辆在运行中冲击振动加大,导致车钩、钩尾框强度不足或应力集中,钩舌、钩尾框产生磨耗、变形、裂纹等故障,造成钩舌、钩尾框断裂,进而导致列车分离。

2. 钩舌、钩尾框有气孔、夹渣、砂眼等制造缺陷,造成钩舌、钩尾框强度不足而断裂,进而导致列车分离,如图 4-5-6、图 4-5-7 所示。

图 4-5-6 钩舌折断

图 4-5-7 钩尾框折断

第六节　车钩故障处置

一、故障处置总体要求

对列车分离故障应准确查找故障原因，采取更换故障配件等方式进行处置。更换钩舌及钩腔内部配件时，须使用符合要求的配件；更换配件后应重新进行车钩三态作用试验，确认全开、闭锁位尺寸，确保车钩三态作用良好。

二、故障处置具体要求

1. 13A 型、13B 型车钩钩舌折断

(1)确认故障车钩为 13A 型、13B 型车钩。拆卸列车尾部车辆后端钩舌(须为 13A 型、13B 型钩舌)或机车前端钩舌，替换已折断的钩舌。

(2)拆除钩舌销开口销，如图 4-6-1、图 4-6-2 所示。

图 4-6-1　钩舌销开口销

图 4-6-2　拆除钩舌销开口销

(3)取出钩舌销，如图 4-6-3 所示。

(4)提开车钩，卸下钩舌，如图 4-6-4 所示。

图 4-6-3　取出钩舌销

图 4-6-4　卸下钩舌

(5)将钩锁、钩舌推铁置于开锁位,如图 4-6-5 所示。

(6)安装钩舌,如图 4-6-6 所示。

图 4-6-5 钩锁置于开锁位

图 4-6-6 安装钩舌

(7)安装钩舌销,如图 4-6-7 所示。

(8)进行车钩三态作用试验,确认开锁、全开、闭锁作用良好,如图 4-6-8 所示。

图 4-6-7 安装钩舌销

图 4-6-8 三态作用试验

(9)安装钩舌销开口销,如图 4-6-9 所示。

(10)更换故障钩舌后,更换分离车辆相邻两制动软管,如图 4-6-10 所示。

图 4-6-9 安装钩舌销开口销

图 4-6-10 更换制动软管

2. 17 型车钩钩舌折断

（1）确认故障车钩为 17 型车钩。拆卸尾部车辆后端同型号钩舌或应急处置组所携带车钩零部件，替换折断的钩舌，如图 4-6-11 所示。

（2）拆除钩舌销开口销，如图 4-6-12 所示。

图 4-6-11　车钩钩舌折断

图 4-6-12　拆除钩舌销开口销

（3）取出钩舌销，如图 4-6-13 所示。

（4）提开车钩，卸下钩舌，如图 4-6-14 所示。

图 4-6-13　取出钩舌销

图 4-6-14　卸下钩舌

（5）将钩锁、钩舌推铁置于开锁位（左手提钩提杆，右手扶住钩锁，钩锁提到顶后右手拨动推铁），如图 4-6-15 所示。

图 4-6-15　钩锁、钩舌推铁置于开锁位

(6)装入钩舌,如图 4-6-16 所示。

(7)安装钩舌销,如图 4-6-17 所示。

图 4-6-16 装入钩舌

图 4-6-17 安装钩舌销

(8)进行车钩三态作用试验,确认开锁、全开、闭锁作用良好,如图 4-6-18 所示。

(9)安装钩舌销开口销,插设防跳插销,如图 4-6-19 所示。

(10)更换故障钩舌后,更换分离车辆相邻两制动软管。

图 4-6-18 三态作用试验

图 4-6-19 安装钩舌销开口销

3. 上作用车钩钩提杆脱落

(1)确认上作用车钩钩提杆脱落状态,如图 4-6-20 所示。

(2)使用铁丝将脱落的钩提杆捆绑牢固,如图 4-6-21 所示。

(3)使用铁丝穿过上锁提圆销孔及钩体下部,将上锁销组成捆绑牢固后,重新连挂,如图 4-6-22 所示。

(4)更换分离车辆相邻两制动软管。

4. 互钩差超限

(1)前后车钩均处于闭锁状态列车分离时,分别测量两车钩中心高度,确认故障车钩(车钩中心高度超限),如图 4-6-23 所示。

(2)调整故障车钩至标准高度,如图 4-6-24 所示。

(3)故障车钩为 17 型车钩时,调整车钩弹性支撑座磨耗板厚度,使车钩高度符合规定,如图 4-6-25 所示。

图 4-6-20　钩提杆脱落

图 4-6-21　钩提杆捆绑牢固

图 4-6-22　上锁销组成捆绑牢固

图 4-6-23　互钩差超限

图 4-6-24　调整故障车钩

图 4-6-25　调整支撑座磨耗板

(4)故障车钩为 13 号车钩时，拆除钩托梁螺栓的螺母及开口销，调整钩托梁磨耗板厚度，使车钩高度符合规定，如图 4-6-26 所示。

(5)更换分离车辆相邻两制动软管。

5. 下作用车钩锁闭不良

(1)检查钩锁及下锁销组成卡滞部位(有异物时清除),推动故障车钩的钩锁及下锁销组成,使钩锁及下锁销组成正常落位,如图 4-6-27 所示。

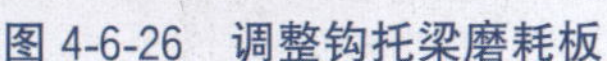

图 4-6-26 调整钩托梁磨耗板

图 4-6-27 钩锁及下锁销组成正常落位

(2)插设防跳插销,重新连挂良好,如图 4-6-28 所示。

(3)更换分离车辆相邻两制动软管。

6. 上作用车钩锁闭不良

(1)推动故障车钩的钩锁及上锁销组成,使钩锁及上锁销组成正常落位,如图 4-6-29 所示。

图 4-6-28 插设防跳插销

图 4-6-29 钩锁及上锁销组成正常落位

(2)使用铁丝穿过故障车钩的上锁提圆销孔,将上锁销组成捆绑牢固后,重新连挂。

(3)更换分离车辆相邻两制动软管。

7. 下作用车钩防跳作用不良

(1)车钩闭锁状态下,插设防跳插销重新连挂,如图 4-6-30 所示。

(2)更换分离车辆相邻两制动软管。

8. 上作用车钩防跳作用不良

(1)车钩闭锁状态下,使用铁丝穿过上锁销组成的上锁提圆销孔,将上锁销组成捆绑牢固。

(2)使用铁丝穿过钩锁的锁腿孔、钩体的下锁销钩转轴,捆绑牢固,如图 4-6-31 所示。

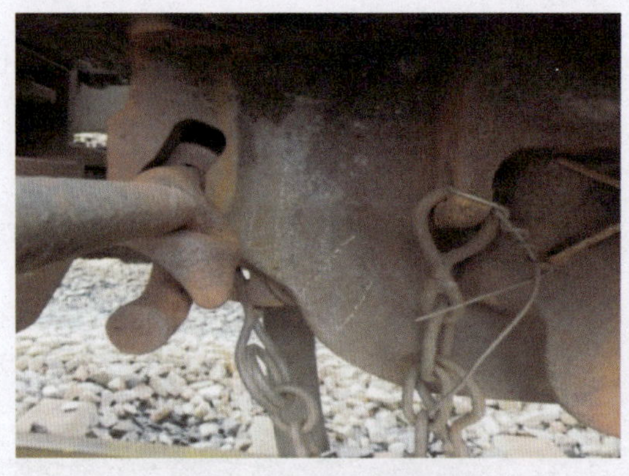

图 4-6-30　插设防跳插销

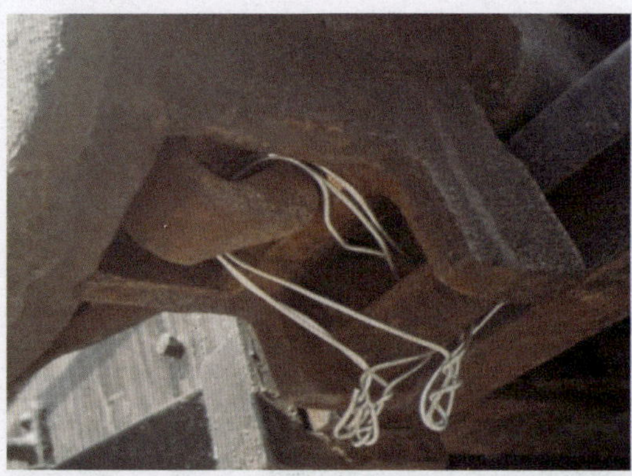

图 4-6-31　捆绑锁铁

(3)重新连挂良好,如图 4-6-32 所示。

(4)更换分离车辆相邻两制动软管。

9. 上作用车钩的钩提杆链松余量过小

(1)因钩提杆链的链环横置造成松余量过小,使横置的链环复位,消除故障,如图 4-6-33 所示。

图 4-6-32　连挂两车钩

图 4-6-33　松余量不足

(2)因钩提杆弯曲、端墙板外胀造成钩提杆链松余量过小,使用铁丝穿过上锁销组成的上锁提圆销孔,将上锁销组成捆绑牢固。

(3)使用铁丝穿过钩锁的锁腿孔及钩体的下锁销钩转轴,捆绑牢固。

(4)重新连挂良好。

(5)更换分离车辆相邻两制动软管。

10. 外部因素

(1)开钩端为上作用车钩时,使用铁丝穿过上锁销组成的上锁提圆销孔,将上锁销组成捆绑牢固,如图 4-6-34 所示。

(2)开钩端为下作用车钩时,插设防跳插销(防跳插销丢失时,采取必要的捆绑措施,使下锁销组成不能移动)。

(3)重新连挂良好。

(4)更换分离车辆相邻两制动软管。

图 4-6-34 捆绑上锁销组成及车钩

第七节 车钩配件测量

一、钩体检测

1. 13 号、13A 型、13B 型钩体检测

(1)检测上下钩耳孔。使用 13A 型钩体综合量规,用 47Z、45Z 端分别插入钩耳孔长径和短径,深入超过 10 mm 时,更换钩耳衬套,如图 4-7-1 所示。

(2)检测车钩上锁销孔磨耗。使用 13A 型钩体综合量规,将量规平行于车钩纵向中心线,用 69Z 端检测上锁销孔,插入深度超过 10 mm 时,更换成套车钩缓冲装置,如图 4-7-2 所示。

图 4-7-1 检测上下钩耳孔

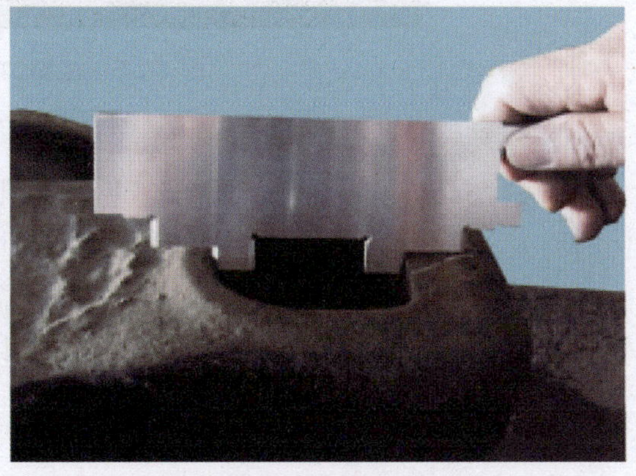

图 4-7-2 检测车钩上锁销孔磨耗

(3)检测车钩防跳台磨耗。使用 13A 型上防跳台磨耗检测量规,用 53Z 端从上锁销孔内插入上平面与上防跳台之间,在磨耗最深处止不住时为超限,更换成套车钩缓冲装置,如图 4-7-3 所示。使用下作用车钩防脱台检修量规,将量规 14Z 端从下锁销孔中放入下防跳台

磨耗最深处,量规工作面圆弧与钩体下防跳台根部圆弧处密贴时,更换成套车钩缓冲装置,如图 4-7-4 所示。

图 4-7-3　检测上作用车钩防跳台磨耗

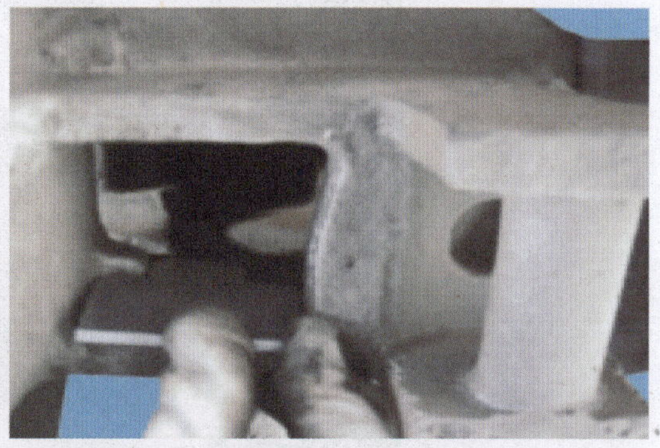

图 4-7-4　检测下作用车钩防跳台磨耗

(4)检测钩舌销与钩耳孔间隙。使用车钩组装间隙塞尺,闭锁位时,拔起钩舌销,使钩舌销柱面贴靠钩体销孔,使用塞尺的 6Z 端平行插入钩舌销与钩耳孔之间,测量上下两处,插入时超限(限度标准:≤6 mm)更换钩舌销重新测量,如图 4-7-5 所示。

图 4-7-5　检测钩舌销与钩耳孔间隙

2. 16 型、17 型钩体检测

(1)检测上、下钩耳孔。使用 16 型钩耳孔直径检测量规,量规平行于车钩纵向中心线,用 48. 5Z 端插入钩耳孔,深入超过 10 mm 时超限。量规垂直于车钩纵向中心线,用 47Z 端插入钩耳孔,深入超过 10 mm 时超限,更换钩耳衬套,如图 4-7-6 所示。

图 4-7-6　检测上、下钩耳孔

(2)检测钩舌销与钩耳孔间隙。使用车钩组装间隙塞尺,闭锁位时,拔起钩舌销,使钩舌销柱面贴靠钩体销孔,使用塞尺的 6Z 端平行插入钩舌销与钩体销孔之间,测量上下两处,插入时超限(限度标准:≤6 mm),更换钩舌销重新测量。

二、钩腔内部配件检测

1. 检查上锁销组成状态

上锁销组成三个组件间转动灵活。提起上锁提，上锁销组成能够自由下垂。举起上锁销杆，向工作位摆动时，上锁销与上锁提能够自由转动。提起上锁销，上锁提与上锁销杆应自由转动下垂，如图 4-7-7 所示。

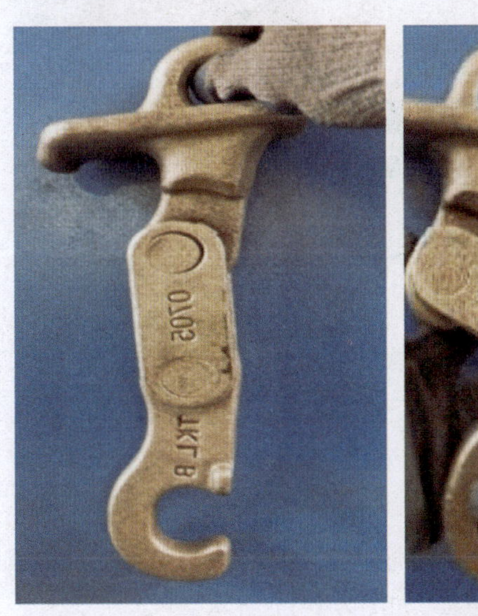

图 4-7-7　检查上锁销组成状态

2. 检测上锁销杆上端面防跳部位磨耗

使用上锁销杆磨耗及组成间隙检测量规 162Z，将检测量规 A 部与上锁销杆上端面防跳部位贴靠，观察上锁销杆挂钩端部与检测量规 B 部间隙，样板能卡入时（磨耗大于 3 mm）更换，如图 4-7-8 所示。

3. 检测上锁销杆挂钩口磨耗

使用上锁销杆磨耗及组成间隙检测量规 41Z，将检测量规 C 部插入挂钩口，贯通检测上锁销杆挂钩口两圆弧面间的最大距离，通过时（磨耗大于 2 mm）更换，如图 4-7-9 所示。

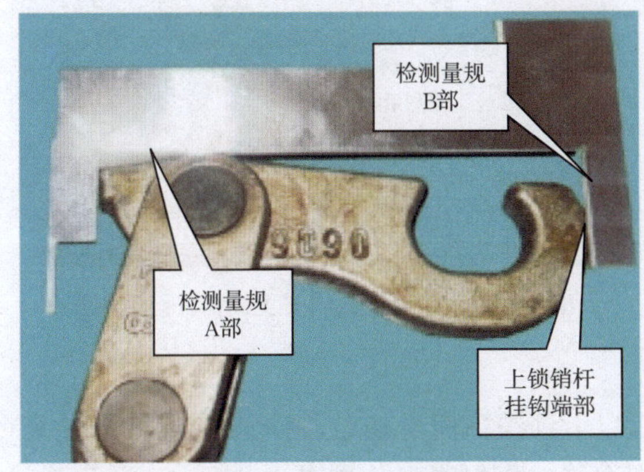

图 4-7-8　检测上锁销杆上端面防跳部位磨耗

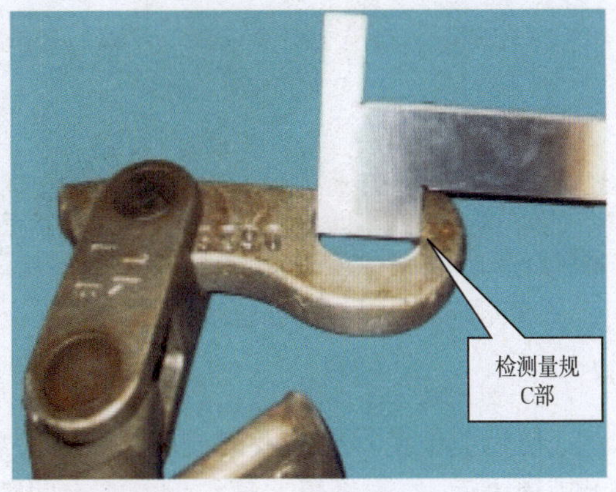

图 4-7-9　检测上锁销杆挂钩口磨耗

4. 检测上锁销防跳台磨耗

使用上锁销防跳台及铆钉轴检测量规、$\phi 2$ mm 针规，将检测量规圆弧处与上锁销防跳台处圆弧贴靠，用 $\phi 2$ mm 针规检测上锁销防跳台磨耗处，分别测量两侧，针规能插入（磨耗大于 2 mm）时超限更换，如图 4-7-10 所示。

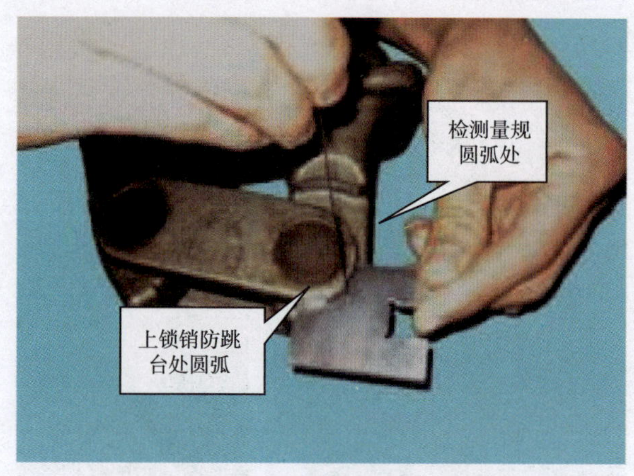

图 4-7-10　检测上锁销防跳台磨耗

5. 检测上锁销组成铆钉轴直径

使用上锁销防跳台及铆钉轴检测量规 13Z，用检测量规 A 部检测铆钉轴最小剩余直径，止不住时（直径小于 13 mm）超限更换，如图 4-7-11 所示。

6. 检测上锁销与上锁销杆组装间隙

使用上锁销杆磨耗及组成间隙检测量规，将上锁销杆推靠到上锁销任一侧，用检测量规 D 部检测上锁销与上锁销杆的组装间隙，通过时合格，无法通过时（小于 2.5 mm）更换，如图 4-7-12 所示。

图 4-7-11　检测上锁销组成铆钉轴直径

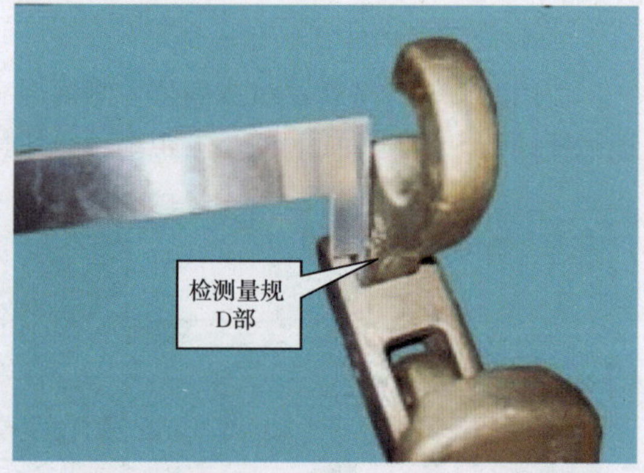

图 4-7-12　检测上锁销与上锁销杆组装间隙

7. 检测上锁销铆钉露出长度

使用上锁销杆磨耗及组成间隙检测量规，以上锁销平面为基准，用检测量规 E 部贴靠上锁销表面，检测量规 F 部与铆钉头有间隙时合格。铆钉露出长度大于 0.5 mm 时更换，如图 4-7-13 所示。

8. 检查 13 号下锁销组成状态

下锁销、下锁销体、下锁销钩间转动灵活。提起下锁销体，下锁销及下锁销钩能够自由下垂。翻转下锁销体，下锁销及下锁销钩能够自由转动至极限位置，如图 4-7-14 所示。

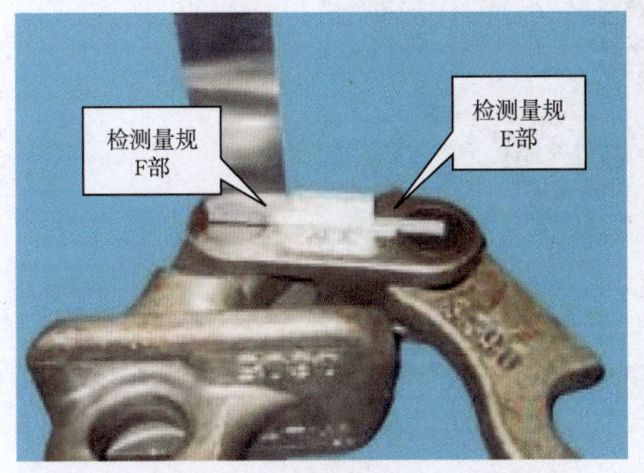

图 4-7-13　检测上锁销铆钉露出长度

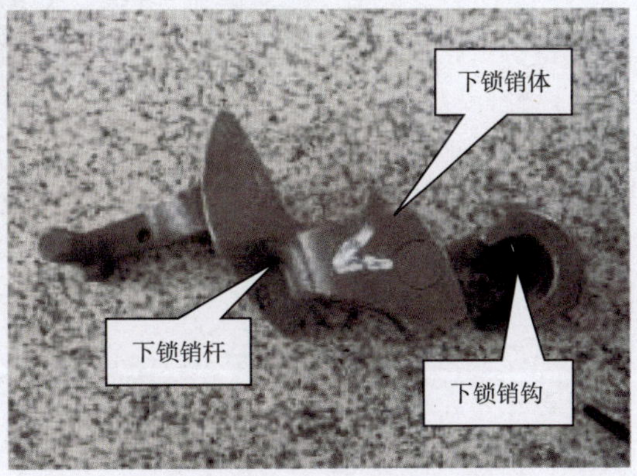

图 4-7-14　13 号下锁销组成

9. 检测 13 号下锁销轴直径磨耗

使用 13 号下锁销检测量规，用量规 ϕ17 mm 止规 Z 端检查圆销轴磨耗最大处，能卡入时超限更换，如图 4-7-15 所示。

10. 检测 13 号下锁销顶部防跳部位磨耗

使用 13 号下锁销检测量规，下锁销顶部防跳部位的最小剩余宽度，用量规插入下锁销防跳部位，通端 A 通过、止端 B 止住时合格，超限时更换，如图 4-7-16 所示。

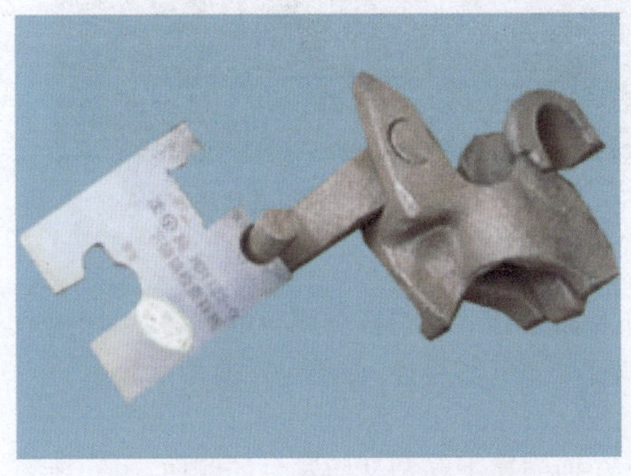

图 4-7-15　13 号下锁销轴直径磨耗

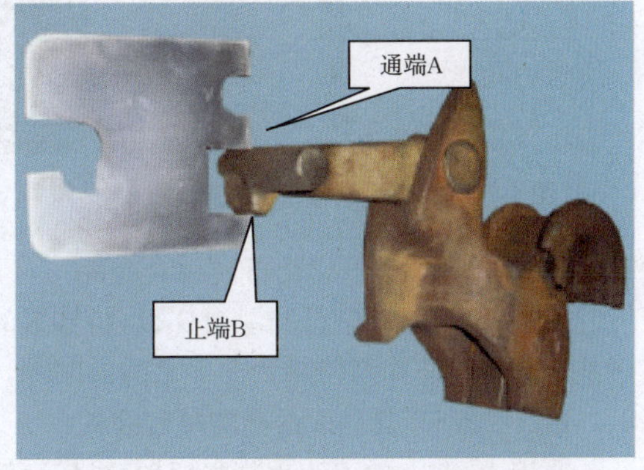

图 4-7-16　13 号下锁销顶部防跳部位磨耗

11. 检测 13 号下锁销体二次防跳部位磨耗

使用 13 号下锁销体二次防跳部位样板、针规，将样板的曲面与下锁销体的相应面贴靠，用针规测量并观察下锁销体顶部二次防跳端部与样板的间隙，大于 1 mm 时更换，如图 4-7-17 所示。

12. 检查 16 型、17 型下锁销组成状态

16 型、17 型下锁销杆与下锁销间转动灵活。下锁销杆处于工作位置时摆动下锁销，下锁销能够自由转动至极限位置，铆钉与下锁销杆间不应转动，如图 4-7-18、图 4-7-19 所示。

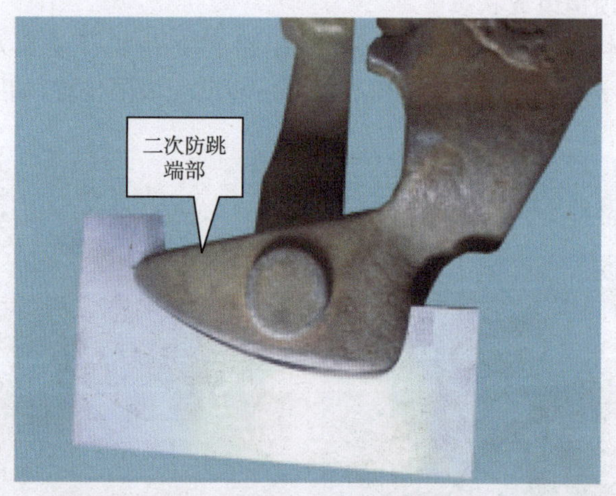

图 4-7-17　13 号下锁销体二次防跳部位磨耗

图 4-7-18　16 型下锁销组成状态

图 4-7-19　17 型下锁销组成状态

13. 检测 16 型下锁销杆防跳台磨耗

使用 16 型下锁销杆防跳台样板，将样板的 A 面贴靠下锁销杆防跳台的侧面，用针规测量并观察样板曲面与防跳台曲面之间的间隙，大于 1 mm 时更换，如图 4-7-20 所示。

14. 检测 17 型下锁销杆防跳台磨耗

使用 17 型下锁销杆防跳台样板，将样板的 A 面贴靠下锁销杆防跳台的侧面，用针规测量并观察样板曲面与防跳台曲面之间的间隙，大于 1 mm 时更换，如图 4-7-21 所示。

15. 检测钩锁锁面磨耗

使用 13 号、16 型钩锁检测量规，将量规插入钩锁立面，将样板 D 面与钩锁一侧接触，滑尺对准磨耗最大处，推动主尺与磨耗面接触，观察滑尺示值，13 号钩锁厚度小于 75 mm、16 型钩锁厚度小于 83.5 mm 时更换，如图 4-7-22 所示。

16. 检测 13 号钩锁导向面磨耗

使用 13 号钩锁导向面样板、塞尺，用样板分别贴靠钩锁左、右导向面，用 2 mm 塞尺测量导向面磨耗最深处与样板的间隙，塞尺能插入时超限更换，如图 4-7-23 所示。

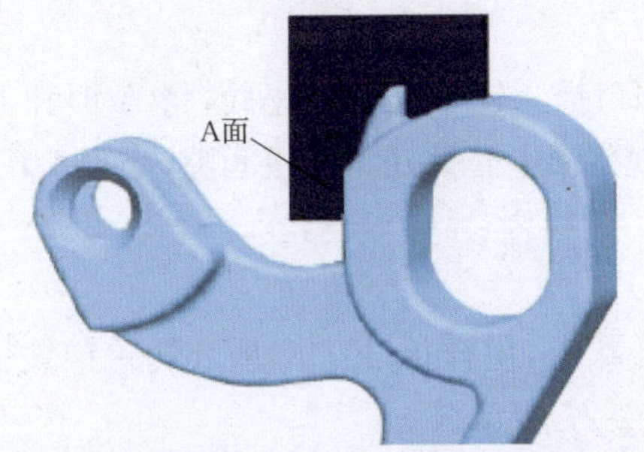

图 4-7-20 检测 16 型下锁销杆防跳台磨耗

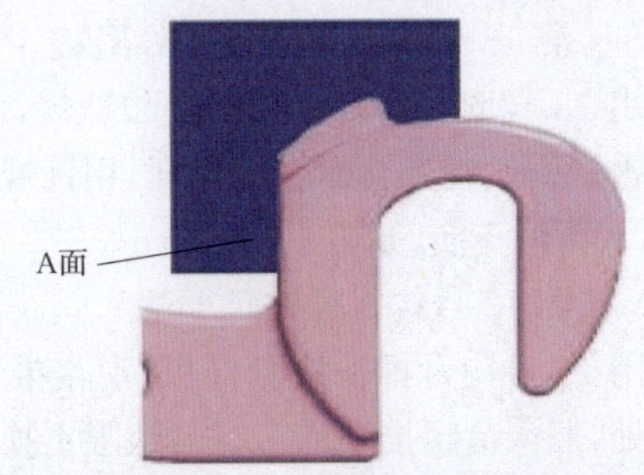

图 4-7-21 检测 17 型下锁销杆防跳台磨耗

图 4-7-22 检测钩锁锁面磨耗

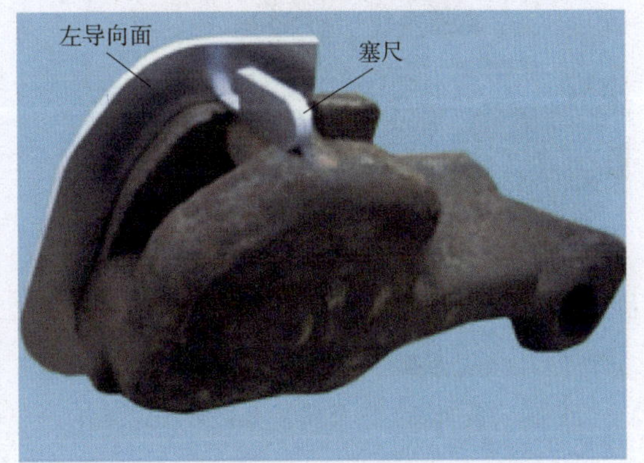

图 4-7-23 检测 13 号钩锁导向面磨耗

17. 检测 13 号钩锁挂钩轴磨耗

使用 13 号钩锁检测量规，用量规 29Z 端插入钩锁挂钩轴，能卡入时超限更换，如图 4-7-24 所示。

18. 检测 13 号钩舌推铁弯曲变形

使用 13 号钩舌推铁检测样板和 1.5 mm 塞尺，将样板 A、B 面与钩舌推铁的相应面贴靠，用塞尺测量并观察钩舌推铁 C 部与样板间隙。局部间隙大于 1.5 mm 时更换，如图 4-7-25 所示。

图 4-7-24 检测 13 号钩锁挂钩轴磨耗

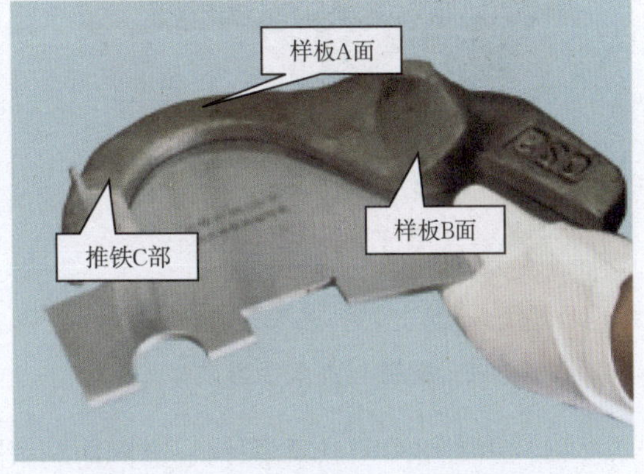

图 4-7-25 检测 13 号钩舌推铁弯曲变形

19. 检测 13 号钩舌推铁锁座处磨耗

使用 13 号钩舌推铁检测样板和针规，用样板凹口插入钩舌推铁锁座处，将 A 面和 B 面贴靠钩舌推铁锁座处立面和上平面，用针规测量并观察锁座磨耗处与样板间隙，小于 1.6 mm 时合格，超限时更换，如图 4-7-26 所示。

20. 检测 13 号钩舌推铁轴磨耗

使用 13 号钩舌推铁检测样板，观察推铁轴磨耗状态，用样板 29Z 端插入钩舌推铁轴磨耗严重处，插入量超推铁轴直径时超限更换，如图 4-7-27 所示。

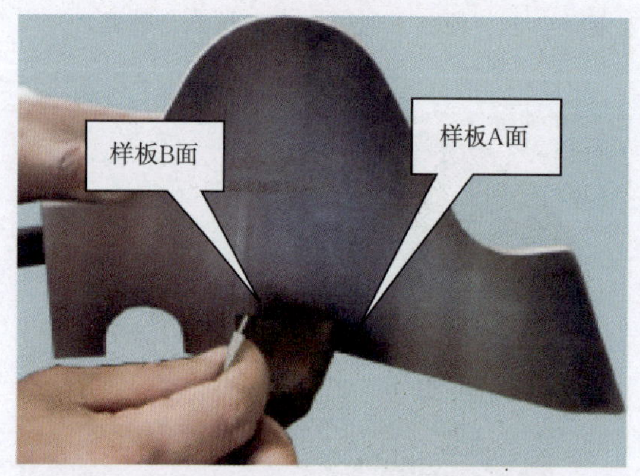

图 4-7-26　检测 13 号钩舌推铁锁座处磨耗

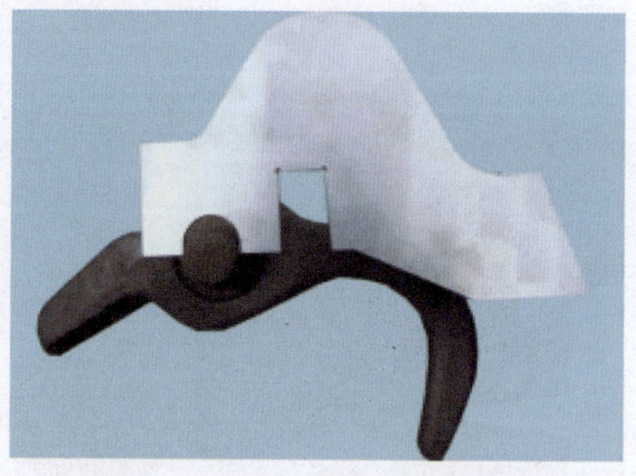
图 4-7-27　检测 13 号钩舌推铁轴磨耗

21. 检测 16 型钩舌推铁弯曲变形

使用 16 型钩舌推铁检测量规和塞尺，将量规 A、B 处与钩舌推铁贴靠，用塞尺检查 C 处间隙，大于 1.5 mm 超限更换，如图 4-7-28 所示。

22. 检测 13A 型、13B 型钩舌外胀

使用钩舌外胀检测量规，用量规 a、b 部分别贴靠钩舌尾部和钩舌外侧面弯曲部，观察 c 部，与钩舌鼻部外侧面接触时钩舌外胀超限(限度标准：≤6 mm)更换，如图 4-7-29 所示。

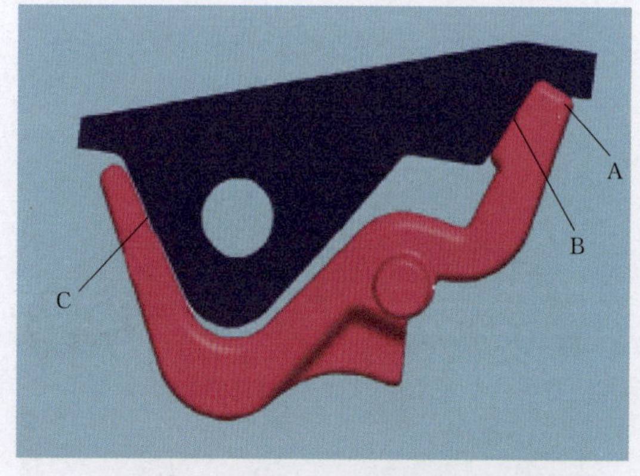

图 4-7-28　检测 16 型钩舌推铁弯曲变形

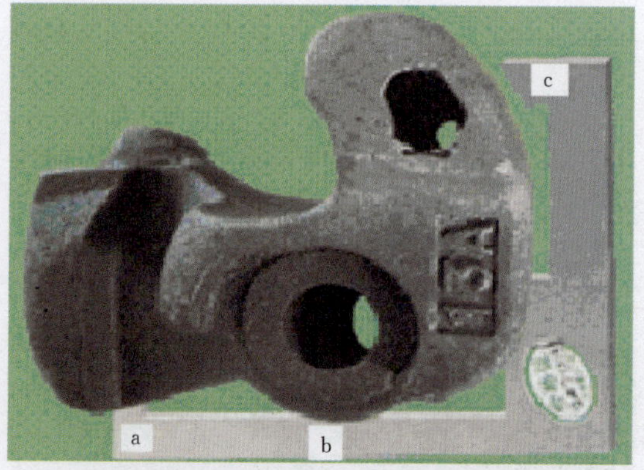

图 4-7-29　检测 13A 型、13B 型钩舌外胀

23. 检测 13A 型、13B 型钩舌内侧面剩余厚度

使用 13 系列钩舌内侧面剩余厚度检测量规和钢板尺，用钢板尺沿钩舌上、下边缘向内测量定位(13 号 50 mm，13A 型、13B 型 60 mm 处)，在定位处用量规 A、B 部和 C 部与钩舌

正面、钩舌鼻部和钩舌内腕贴靠，移动滑尺与钩舌 S 面接触，观察滑尺示值，13 号钩舌小于 68 mm 时，13A 型、13B 型车钩小于 69 mm 时更换，如图 4-7-30 所示。

24. 检测 13A 型、13B 型钩舌锁面磨耗

使用 13 系列钩舌锁面磨耗检测量规，以钩舌尾止端为基准，使量规 a、b、c 三处与钩舌尾部贴靠，测量钩舌锁面最大磨耗深度，移动并观察滑尺刻度，大于 3 mm 时超限更换，如图 4-7-31 所示。

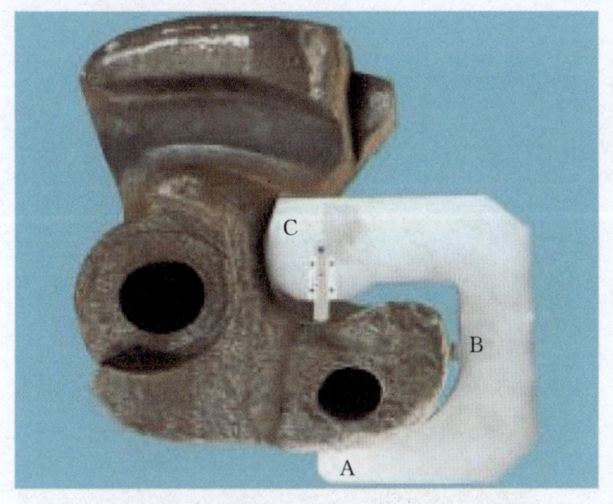

图 4-7-30 检测 13A 型、13B 型钩舌内侧面剩余厚度

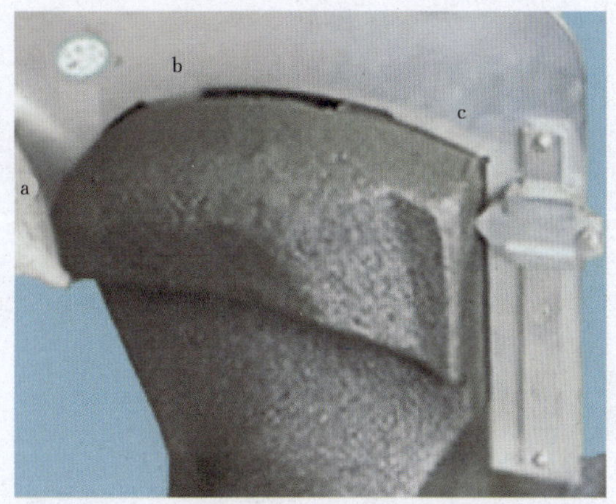

图 4-7-31 检测 13A 型、13B 型钩舌锁面磨耗

25. 检测 13A 型、13B 型钩舌钩锁坐入量

使用 13 系列钩舌销孔及钩锁坐入量检测量规，检测钩舌锁面上平面与钩锁承台的距离，使量规工作面与钩舌锁面贴靠，沿锁面移动量规，45T 端在钩锁承台面通过时合格，不通过时更换，如图 4-7-32 所示。

26. 检测 16 型钩舌外胀

使用 16 型钩舌外胀检测量规，用量规 A、B 部分别贴靠钩舌尾部和钩舌外侧面弯曲部，观察 C 部，与钩舌鼻部外侧面接触时钩舌外胀超限（限度标准：≤6 mm）更换，如图 4-7-33 所示。

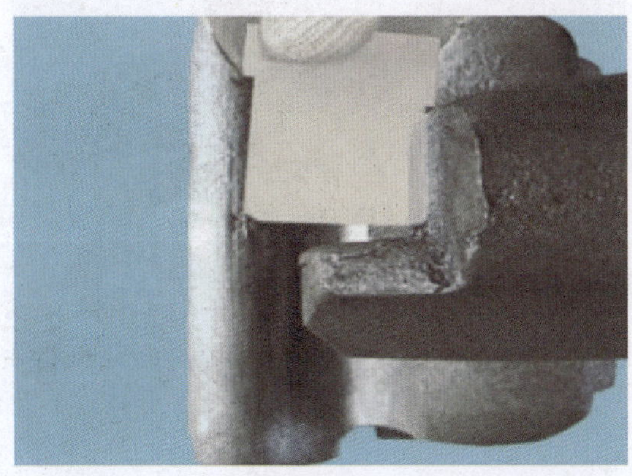
图 4-7-32 检测 13A 型、13B 型钩舌钩锁坐入量

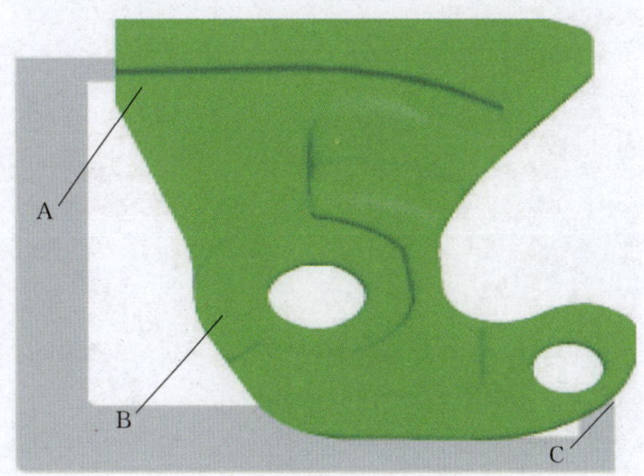

图 4-7-33 检测 16 型钩舌外胀

27. 检测 16 型钩舌鼻部磨耗

使用 16 型钩舌鼻部磨耗检测量规，使用量规 A、B 部和 C 部分别与钩舌正面、钩舌鼻部和钩舌内腕贴靠，移动滑尺与钩舌 S 面接触，观察滑尺示值，任一处示值大于 5 mm 时更换，如图 4-7-34 所示。

28. 检测 16 型钩舌锁面磨耗

使用 16 型钩舌锁面检测量规，将量规 160Z 端对准钩舌尾部与钩舌锁面之间，插入时超限更换，如图 4-7-35 所示。

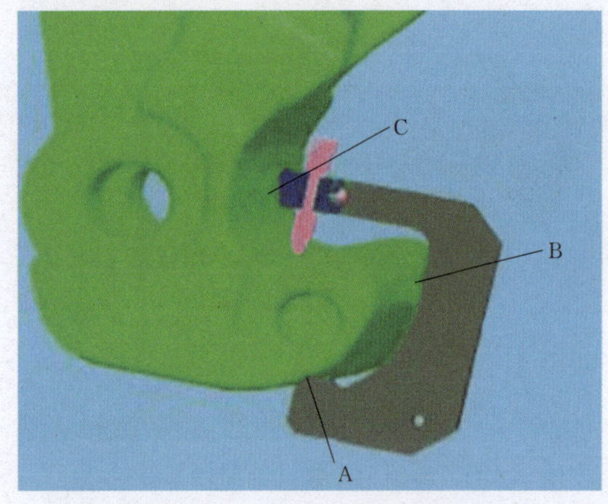

图 4-7-34　检测 16 型钩舌鼻部磨耗

图 4-7-35　检测 16 型钩舌锁面磨耗

29. 检测 16 型钩舌钩锁坐入量

使用 16 型钩锁坐入量检测量规，用量规 45T 端检测，A 面与钩舌副坐锁面贴靠，B 面和钩舌锁面贴靠，沿锁面前后移动，C 面不能接触到钩舌主坐锁面时合格，接触时更换，如图 4-7-36 所示。

30. 检测 16 型钩舌销孔直径

使用 16 型钩舌销孔直径段修检修量规，用样板 45Z 端垂直于销孔直径方向进行检查，样板不得进入钩舌销孔为合格，超限时更换衬套，如图 4-7-37 所示。

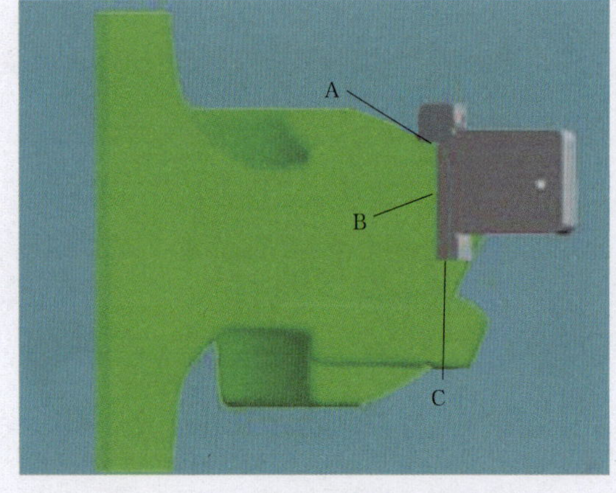

图 4-7-36　检测 16 型钩舌钩锁坐入量

图 4-7-37　检测 16 型钩舌销孔直径

31. 检测钩舌销

使用钩舌销检测样板，用样板沿钩舌销轴线方向上检查，如果样板在钩舌销直径方向上均不能通过时为合格，通过时更换，如图 4-7-38 所示。

图 4-7-38 检测钩舌销直径

第八节 车钩连挂注意事项

一、车钩连挂常见问题

车辆运用中经常出现的车钩连挂不良问题有钩锁铁前倾、推铁弯曲变形、推铁外胀。

1. 钩锁铁前倾：当外力转动钩提杆时，由于钩锁铁前倾，此时钩锁铁与钩腔钩体前导向壁（导向挡）发生碰撞卡滞，钩锁铁顶在前导向壁下面使得钩提杆不能继续转动，车钩不能实现全开，如图 4-8-1 所示。

图 4-8-1 钩锁铁前倾不能正常提钩

2. 推铁弯曲变形（内弯）：当外力转动钩提杆时，由于推铁弯曲变形使得推铁踢足内弯，与钩舌踢足部接触面相对减少，此时用力转动钩提杆时，推铁不能正常踢动钩舌至全开位，更严重者钩舌处于半开位。当外力碰撞钩舌时(连挂),由于钩舌踢足部与推铁踢足密切接触;当外力过大时,进一步加剧推铁变形,甚至出现推铁折断现象,如图 4-8-2、图 4-8-3 所示。

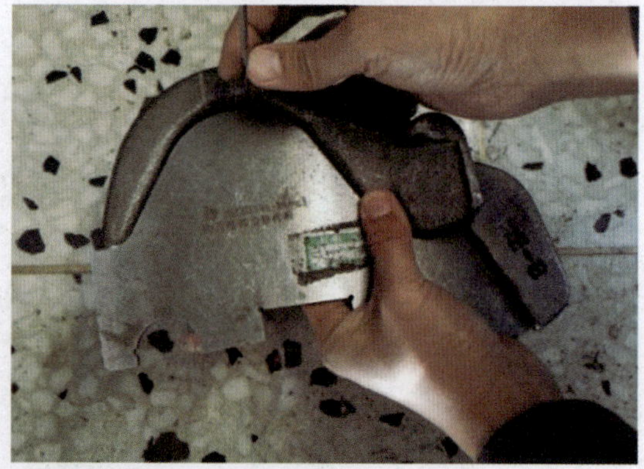

图 4-8-2　推铁内弯

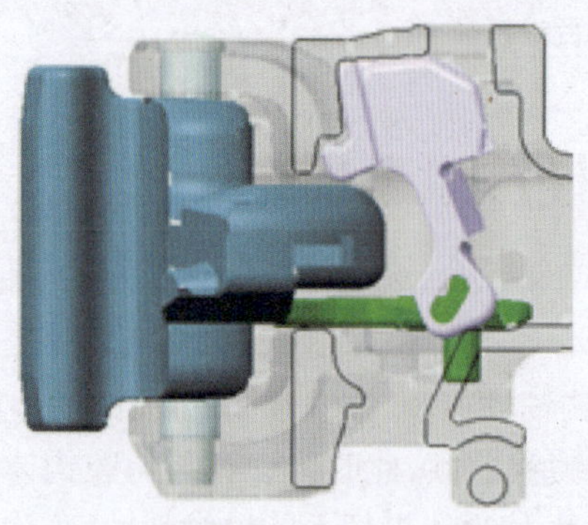
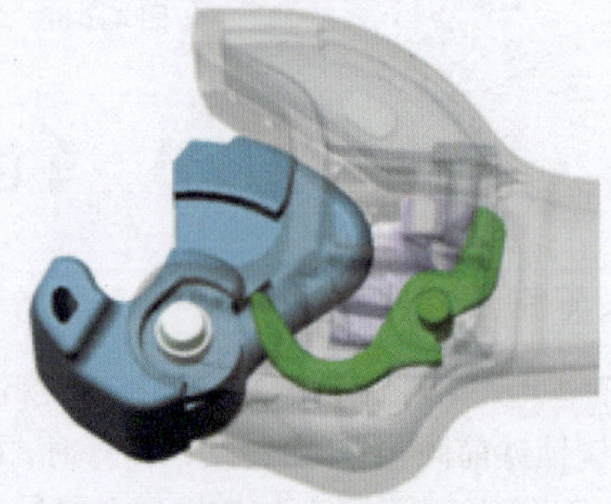

图 4-8-3　钩舌踢足部与推铁踢足密切接触

3. 推铁外胀:当外力转动钩提杆时,由于推铁外胀,推铁踢足不能正常与钩舌踢足部接触,出现卡滞。当外力碰撞钩舌时(连挂),由于推铁踢足与钩舌踢足部内侧非正常接触,导致推铁外胀加剧或折断,更严重者,推铁踢足挤在钩舌踢足部下面,将钩舌卡死在钩腔内,外力越大卡死现象越严重,如图 4-8-4、图 4-8-5 所示。

图 4-8-4　钩舌推铁折断

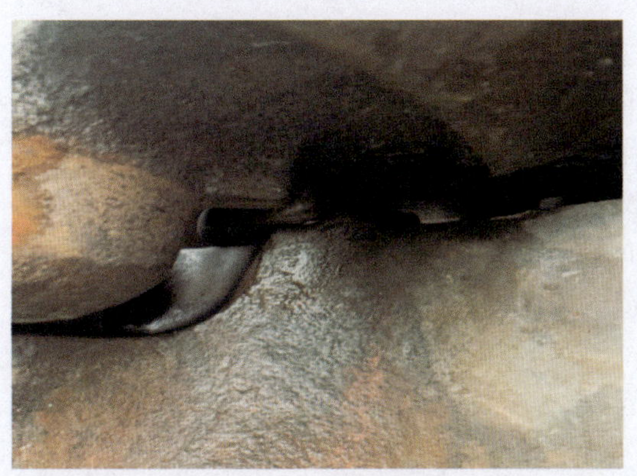

图 4-8-5 钩舌推铁挤在钩舌下方窜出踢足部

二、车钩连挂问题分析

1. 影响钩锁铁前倾的原因主要有两方面，一是钩锁铁导向角磨耗严重，二是钩锁铁挂轴磨耗。两种原因都导致钩锁铁在钩腔内位置下移，当转动钩提杆时，钩锁铁由于不能正常在钩腔导向挡的引导下上移，出现倾倒脱出，在导向挡下面形成卡滞。另外，该种工况与钩体有一定关系，如果钩体使用寿命超过 20 年，这种情况将会更加突出。若机车司机对车钩这种特性不了解，误认为车钩不能正常提钩，致使无法正常实现机车与车辆连挂，出现该种工况时应更换新品锁铁。

2. 造成钩舌推铁外胀弯曲变形的极限位置是在车钩的闭锁位置，磨耗到限时，钩舌推铁腿与钩体内腔接触形成相交处 B。闭锁极限位置和受力示意如图 4-8-6、图 4-8-7 所示。

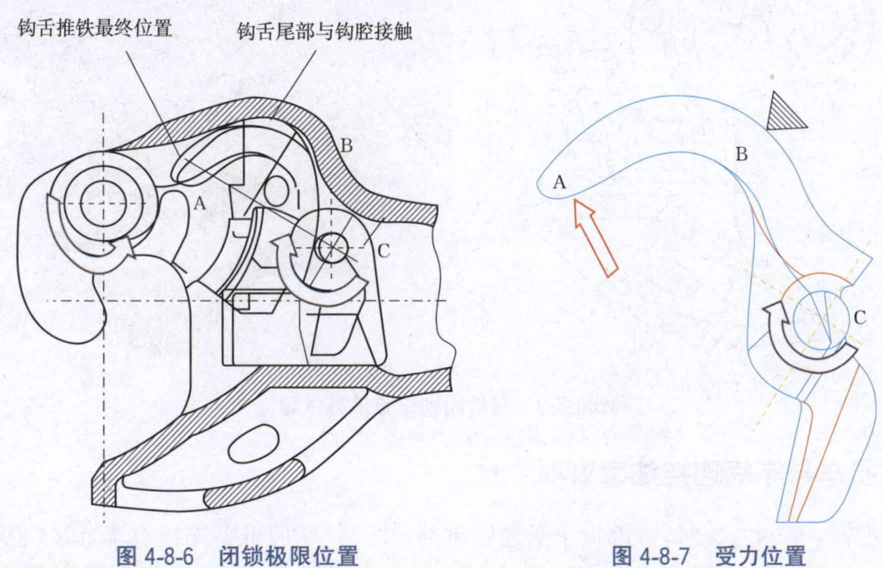

图 4-8-6 闭锁极限位置　　图 4-8-7 受力位置

闭锁过程中钩舌通过踢足接触处 A 带动钩舌推铁继续绕转轴 C 旋转，直至钩舌尾部与钩腔接触，但由于旋转轴 C 与 B 处已被约束，使 AB 段形成悬臂结构，从而造成钩舌推铁的外胀弯曲变形。

3. 钩舌推铁内缩弯曲变形超限原因分析

造成钩舌推铁内缩弯曲变形的极限位置是在车钩的全开位置。此极限位置是由人工使用钩提杆将车钩打开到全开位才会产生，如图 4-8-8 所示。

此时钩舌推铁的踢足外圆弧与钩舌踢足作用面圆弧相切于 A 处，作用力的法线方向在钩舌推铁回转中心 B 处下方。压缩工况下钩舌向闭锁方向转动时，钩舌推铁逆时针旋转，从而造成钩舌推铁内缩。

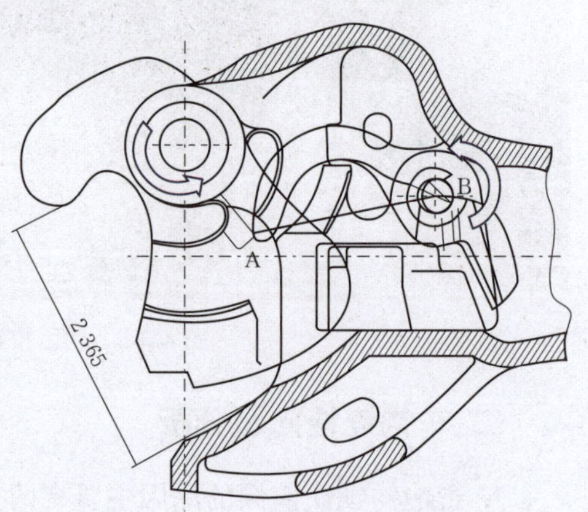

图 4-8-8　全开极限位置和受力示意

（单位：mm）

4. 系列车钩钩舌推铁腿过渡位置磨耗原因分析

在车钩连挂过程中，冲击载荷较大，被冲击车钩由全开位到闭锁位过程中，在接近闭锁位时，钩舌的下牵引台斜面边缘和 13 系列推铁的推铁腿过渡曲面 D 处位置发生接触。钩腔中有异物、局部凸起或形状不规则、锈蚀严重等会使钩舌推铁转动不灵活，造成钩舌推铁腿过渡位置磨耗或推铁腿弯曲变形，如图 4-8-9 所示。

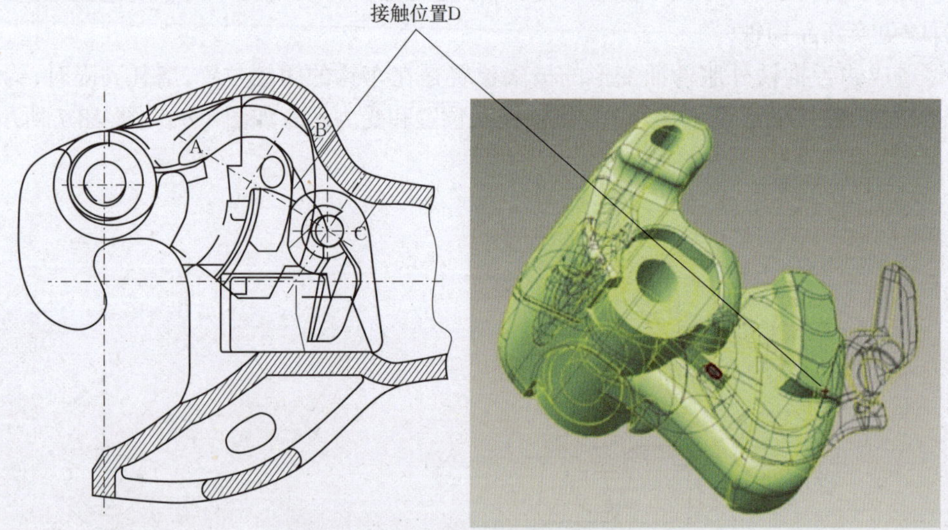

图 4-8-9　接近闭锁位置接触示意

三、机车与车辆连挂注意事项

1. 机车与车辆连挂时，首部检车员通知尾部检车员“×股准备连挂机车，请注意安全”。

2. 机车连挂后，首部检车员告知司机“列车准备插设防护，不得动车”；得到司机同意的回复后，首部检车员向后传递安全防护插设信号至尾部检车员，尾部检车员接到信号后向首部检车员回传。手信号对通后，首、尾部检车员分别在机后第一辆车前端和最后一辆车后端列车运行方向左侧车体上插设停车信号。

3. 停车信号插设完毕后，尾部检车员向前传递安全防护插设确认信号至首部检车员，首部检车员接到信号后向尾部检车员回传。

4. 首部检车员将机车制动软管从机车支架上取下与第一辆前端软管连结（连结软管前检查软管垫圈无丢失、破损、边缘无卷起、安装正位，连结后执行“拉推敲”检查确认连接状态），并插设车辆车钩的防跳插销（单班单司机时首部检车员安装机车车钩的防跳插销），并确认两车钩连接状态良好、车钩处于闭锁位，然后缓慢开启机车后端折角塞门后，检查制动软管无漏风，再缓慢开启机后第一辆车前端折角塞门，然后通知机车司机进行充风。

5. 单班单司机值乘时负责连挂机车

（1）机车连挂前，首部检车员在第一辆车前端来车方向左侧车体上插设停车信号，认真检查车辆端部车钩技术状态，配件齐全，三态作用良好，确认该车钩中心线处于车辆纵向中心线上。检查完毕后将车钩置于全开位，撤除停车信号。

（2）在机车距连挂车辆不少于 10 m 处，首部检车员检查机车连挂车钩状态。检查前在机车司机侧插设停车信号，并告知司机不得移动机车，确认机车车钩配件齐全、三态作用良好，车钩处于中心线位置。检查完毕后撤除停车信号。

（3）首部检车员向司机显示连挂信号，引导司机连挂机车；机车连挂后确认两连接车钩连接状态良好、互钩差符合规定，然后向司机显示试拉信号，确认机车连挂状态。

（4）当出现机车与车辆车钩未连挂上或假连接等特殊情况时，向司机显示拉开信号，指挥司机将机车驶出距离车列不少于 10 m。待机车停稳后，首部检车员在第一辆车前端来车方向左侧车体上插设停车信号，对车辆车钩状态检查，提开车钩至全开位置，然后撤除停车信号，重新按上述标准进行连挂机车。

四、机车与车辆连挂步骤

机车与车辆连挂作业

1. 提起一端车钩钩提杆，将车钩钩舌打开至开锁位置，用手扳动钩舌至全开位置，如图 4-8-10、图 4-8-11 所示。

2. 联系机车司机推进，连挂车钩，如图 4-8-12 所示。

图 4-8-10　上锁销提至开锁位置

图 4-8-11　扳动钩舌至全开位置

图 4-8-12 联系机车司机推进

3. 确认钩锁落锁(图 4-8-13)。13 号上作用车钩确认上锁提完全落下,上锁提头部下平面与车钩钩体上平面密贴。13 号下作用车钩和 16 型、17 型车钩确认闭锁位下锁销杆显示孔整体可见。

图 4-8-13 确认钩锁落锁

4. 确认车钩钩提杆扁平部位落入钩提杆座的凹槽中,如图 4-8-14 所示。

5. 将 13 号下作用车钩和 16 型、17 型车钩防跳插销插入闭锁位下锁销杆显示孔中,如图 4-8-15 所示。

图 4-8-14 钩提杆扁平部位落入凹槽

图 4-8-15 车钩防跳插销

6. 对于车钩作用不良的须进行捆绑(图 4-8-16、图 4-8-17)。13 号上作用车钩使用铁丝穿过上锁提孔或马蹄环绕钩头进行牢固捆绑。13 号下作用车钩和 16 型、17 型车钩在防跳插销齐全插设良好前提下,使用铁丝在钩提杆座处进行捆绑(保证钩提杆能够左右移动)。防跳插销不良的可更换或卸下进行调整。

图 4-8-16　上锁销进行捆绑

图 4-8-17　下作用钩提杆座进行捆绑

7. 通知司机进行试拉,试拉良好后开车,如图 4-8-18、图 4-8-19 所示。

图 4-8-18　联系司机开车

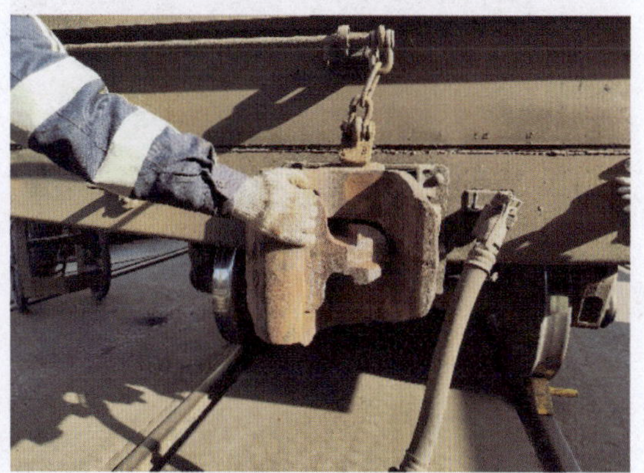
图 4-8-19　试验车钩全开

五、车辆与车辆连挂步骤

1. 列车发生分离等情况时,首先到现场联系司机,确认运行情况。对两车钩进行外观检查,确认开锁车钩,并检查有无配件破损情况。

2. 现场处置完毕后外观检查无异常时,对两车钩分别进行三态作用试验,全开位、闭锁位、开锁位须良好,如图 4-8-20 所示。

3. 检查分离处两车辆制动软管状态,破损时需更换,如图 4-8-21 所示。

4. 分别提起两车钩钩提杆,使车钩处于开锁状态,扳动钩舌至全开位置,如图 4-8-22 所示。

5. 连挂车钩,连结两制动软管,对制动软管连接器进行捆绑,开启折角塞门,如图 4-8-23 所示。

图 4-8-20 试验车钩闭锁及开锁状态

图 4-8-21 检查分离处两车辆制动软管状态

图 4-8-22 开锁状态

图 4-8-23 连结制动软管

6. 对车钩进行捆绑,如图 4-8-24 所示。
7. 进行试拉良好后开车。
8. 作业结束后清理现场,清点工具。
9. 运行至前方车站,进行甩车,做进一步调查处理。

图 4-8-24 对车钩进行捆绑

第五章　车辆脱轨应急处置

第一节　转向架基础知识

铁路货车转向架是将两个或多个轮对用专门的构架(或侧架)组成的走行装置，主要由轮对轴箱装置、构架或侧架、摇枕、弹性悬挂装置、基础制动装置以及车体支承装置等部件组成，起着承重、缓冲、传力、导向等作用，是保证车辆运行品质和运行安全的关键部件。本节主要介绍转 K2 型、转 K3 型、转 K4 型、转 K5 型、转 K6 型、轴重 32.5 t 交叉支撑、轴重 32.5 t 摆动式、轴重 32.5 t 自导向径向、轴重 27 t 交叉支撑转向架。

图 5-1-1　转 K2 型转向架

1. 转 K2 型转向架(图 5-1-1)

转 K2 型转向架是装用变摩擦减振装置的铸钢三大件式转向架。摇枕、侧架采用 B 级钢铸造；中央悬挂系统采用两级刚度弹簧，减振弹簧高于摇枕弹簧；在两侧架间加装了侧架弹性下交叉支撑装置；采用双作用常接触弹性旁承；采用提速双列圆锥滚子轴承及提速车轮；车轮踏面形状采用 LM 型磨耗型踏面；加装含油尼龙心盘磨耗盘；基础制动装置采用组合式制动梁、锻造中拉杆。

2. 转 K3 型转向架(图 5-1-2)

转 K3 型转向架适用于对运行速度和运行品质要求较高的货车。其采用了整体构架、轴箱一系悬挂、轮对纵横向弹性定位、弹性常接触旁承等先进技术，具有临界速度较高、抗菱刚度高、安全可靠、便于通过曲线等优点。

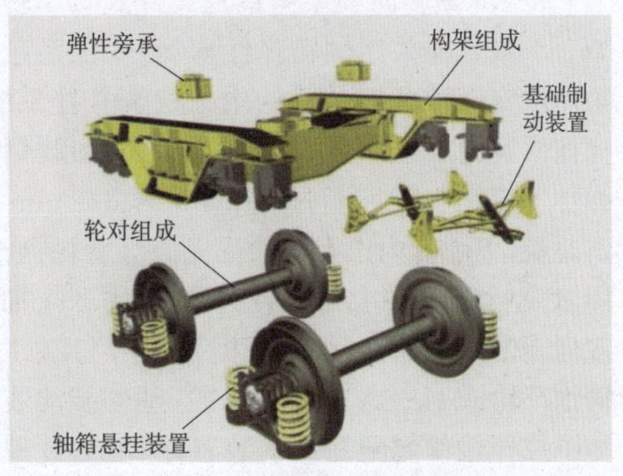

图 5-1-2　转 K3 型转向架

转向架由 H 型整体焊接构架、轴箱弹簧悬挂装置、轮对、弹性常接触式旁承及基础制动装置等 5 部分组成，其整体构架的 2 个侧梁、1 个横梁用材质为 16MnQ 的板材焊接为一体，导框座、斜楔座铸件为 B 级钢材质；装用了轴箱弹簧悬挂装置，簧下质量小，运行时更平稳；轮对为 RD_2 型，车轮装用 HDS 型辐板辗钢轮，轴承装用 SKF197726 型滚动轴承；基础制动装置装用单侧吊挂式制动梁；装用球面心盘、高摩合成闸瓦及单侧斜楔减振装置，在与斜楔相对的导框座中，安装了纵向定位弹簧。

3. 转 K4 型、转 K5 型转向架(图 5-1-3、图 5-1-4)

转 K4 型、转 K5 型转向架类似于传统铸造三大件式转向架，主要由轮对及轴承装置、摇枕、侧架、弹性悬挂系统及减振装置、基础制动装置、常接触式弹性旁承等组成，但这两种型号转向架采用了独特的弹簧托板、摇动座等结构，使之具有更好的横向性能及其他优点。

图 5-1-3　转 K4 型转向架

图 5-1-4　转 K5 型转向架

转 K4 型、转 K5 型转向架的主要特点为：

(1)结构上属于铸钢三大件式转向架，具有结构简单、车轮均载性好、检修维护方便等优点。

(2)采用类似于客车转向架的摇动台摆式机构，使转向架横向具有两级刚度特性，大大增加车辆的横向柔性，提高车辆的横向动力学性能，降低轮轨间的磨耗。

(3)提高车辆脱轨安全性。由于摆动式转向架摇枕挡位置下移，使侧滚中心降低，对侧滚振动控制加强，有效地减小爬轨和脱轨的可能性，尤其是对高重心的货车，大大提高其脱轨安全性。

(4)具有高耐久性和高可靠性，运用寿命长，维修工作量小，可运营 160 万 km 免检修。

4. 转 K6 型转向架(图 5-1-5)

转 K6 型转向架系铸钢三大件式货车转向架。一系悬挂采用轴箱弹性剪切垫；二系悬挂采用带变摩擦减振装置的中央枕簧悬挂系统，摇枕弹簧为二级刚度；在两侧架之间加装侧架弹性下交叉支撑装置；采用直径为 375 mm 的下心盘，下心盘内设有含油尼龙心盘磨耗盘；采用 JC 型双作用常接触弹性旁承；装用 25 t 轴重双列圆锥滚子轴承，采用轻型新结构 HEZD 型铸钢车轮或 HESA 型辗钢车轮；基础制动装置为中拉杆式单侧闸瓦制动装置，采用 L-B 型组合式制动梁，新型高摩合成闸瓦。

图 5-1-5　转 K6 型转向架

转 K6 型转向架轴箱一系悬挂加装内八字橡胶弹性剪切垫,可实现轮对的弹性定位、减小转向架簧下质量、隔离轮轨间高频振动。轴箱橡胶垫组装时,导电铜线在转向架内侧。轴箱橡胶垫的作用是实现轮对的弹性定位,隔离轮轨间高频振动,减小轮轨动作用力,降低轮轨磨耗;解决了侧架导框与承载鞍之间磨耗的惯性质量问题;降低了簧下质量降低了轮轨之间的冲击力。

5. 轴重 32.5 t 交叉支撑转向架(图 5-1-6)

轴重 32.5 t 交叉支撑转向架轴重 32.5 t,自重≤5.4 t,固定轴距 1 860 mm,通过最小曲线半径 80 m,车轮直径 915 mm,商业运营速度 120 km/h。

图 5-1-6 轴重 32.5 t 交叉支撑转向架

轴重 32.5 t 交叉支撑转向架适用于我国载重 100 t 级运煤敞车、漏斗车等各型铁路货车。采用侧架弹性交叉支撑、“八”字形一系弹性悬挂、组合式双作用弹性旁承三大关键技术,有效降低轮轨间作用力,减轻车轮磨耗,实现大轴重转向架低动力作用,满足我国既有线路的使用要求,结构简单、技术成熟,确保车辆动力学性能稳定。应用全寿命周期设计理念,全部实现非金属对金属摩擦副、磨耗件可拆卸连接、上下交叉杆铆接、制动杠杆整体锻造,11 种零件与转 K6 型转向架互换,实现转向架无焊接组装和换件修,方便运用检修,为修制改革创造条件。转向架按 32.5 t 轴重考核,摇枕、侧架采用世界领先的 B+级钢整体芯铸造,侧架无选配组装,应用自主研发的车轮、车轴、轴承,采用单元制动或杠杆制动装置,转向架安全裕量大,使用可靠性高,适用范围广。

6. 轴重 32.5 t 摆动式转向架(图 5-1-7)

图 5-1-7 轴重 32.5 t 摆动式转向架

轴重 32.5 t 摆动式转向架轴重 32.5 t,自重≤5.4 t,固定轴距 1 860 mm,车轮直径 915 mm,通过最小曲线半径 80 m,商业运营速度 120 km/h。

轴重 32.5 t 摆动式转向架采用摆动式转向架作用原理,侧架可横向摆动,具有横向柔性,在提高临界速度的同时,可有效降低轮轨横向作用力。采用轴箱一系悬挂,减少了簧下质量,可降低轮轨垂向作用力。轮对采用弹性定位,可改善轴承受力状况和转向架的曲线通过性能,降低车辆在曲线上的轮轨作用力。承载鞍与侧架导框之间设有弹性剪切垫,可实现厂修期内免维护。采用嵌入式抗剪下心盘,可避免心盘螺栓折断。采用非金属磨耗件、可拆卸金属磨耗件,提高可靠性及使用性能,为提升检修技术奠定基础。

7. 轴重 32.5 t 自导向径向转向架(图 5-1-8)

轴重 32.5 t 自导向径向转向架轴重 32.5 t,自重≤5.4 t,固定轴距 1 860 mm,车轮直径

915 mm，通过最小曲线半径 80 m，商业运营速度 120 km/h。

轴重 32.5 t 自导向径向转向架轮对径向装置在保证车辆有较高的蛇行失稳临界速度的同时，具有优良的曲线通过性能，可大幅减小轮轨横向作用力、轮对冲角和运行噪声，大大降低轮轨磨耗。轴箱橡胶堆具的使用，实现了轮对的弹性定位，有效地减轻了簧下质量，提高了车辆的运行品质。采用新型长行程旁承，降低了车辆回转阻力矩对旁承工作行程的敏感度，保障了动力学性能的稳定。

8. 轴重 27 t 交叉支撑转向架(图 5-1-9)

轴重 27 t 交叉支撑转向架轴重 27 t，自重≤5.4 t，固定轴距 1 860 mm，车轮直径 915 mm，通过最小曲线半径 80 m，商业运营速度 120 km/h。

图 5-1-8　轴重 32.5 t 自导向径向转向架

图 5-1-9　轴重 27 t 交叉支撑转向架

轴重 27 t 交叉支撑转向架适用于我国载重 80 t 级的各型铁路货车。采用侧架弹性交叉支撑、“八”字形一系弹性悬挂、组合式双作用弹性旁承三大关键技术，实现轮轨低动力作用和降低车轮磨耗，轮轨间作用力与 25 t 轴重转 K6 型转向架相当，满足我国既有线路的使用要求，结构简单、技术成熟，确保 120 km/h 车辆动力学性能稳定。应用全寿命周期设计理念，全部实现非金属对金属摩擦副、磨耗件可拆卸连接、上下交叉杆铆接、制动杠杆整体锻造，18 种零件与转 K6 型转向架互换，实现转向架无焊接组装和换件修，方便运用检修，为修制改革创造条件。摇枕、侧架按 30 t 轴重考核，采用世界领先的 B+级钢整体芯铸造，侧架无选配组装；应用自主研发的车轮、车轴、轴承，按 32.5 t 轴重考核，转向架安全裕量大，使用可靠性高。

第二节　线路基础知识

一、线路

铁路线路分为正线、站线、段管线、岔线及特别用途线。正线是指连接车站并贯穿或直股伸入车站的线路；站线是指到发线、调车线、牵出线、货物线及站内指定用途的其他线路；段管线是指机务段、车辆段、工务段、电务段、供电段等专用并由其管理的线路；岔线是指在区间或站内接轨，通向路内外单位的专用线路；特别用途线是指安全线和避难线。

二、轨道

铁路轨道简称路轨、铁轨、轨道等，与转辙器合作，使火车无需转向便能行走。目前我国铁路轨道分为有砟轨道和无砟轨道。

图 5-2-1 有砟轨道

有砟轨道自下而上分别是设于路基顶面的道床、埋置于道床的轨枕，以及由联结部件与轨枕相接的钢轨。道床的作用是将本身及其以上的动载荷与静载荷传给路基，并防止轨枕发生位移；轨枕则用以承受钢轨传来的载荷并连同本身重量一起传给道床；钢轨是轨道最上部的结构，直接承受车轮载荷并引导机车车辆行驶，如图 5-2-1 所示。

路基是轨道或道路路面的基础，是承受并传递轨道重力及列车动态作用的结构，是保证列车运行的重要构筑物。路基需具有足够的强度和稳定性，即在其本身静力作用下不应发生过大沉陷，在车辆动力作用下不应发生过大的弹性和塑性变形。路基边坡应能长期稳定而不坍滑。

钢轨是轨道的基本承重结构，用于引导机车车辆行驶，同时为车轮的滚动提供最小阻力的接触面。钢轨要求有足够的承载能力、抗弯强度、断裂韧性、稳定性及耐腐性能。

钢轨下的道床上一般横向铺着轨枕，轨枕承受来自钢轨的压力，并传给道床，同时利用扣件有效地保持轨道的轨距和位置不变。

联结零件包括接头联结零件和中间联结零件。钢轨接头联结零件由夹板、螺栓、弹簧垫圈等组成，其作用是在接头处把钢轨连接起来，使钢轨接头部分具有与钢轨一样的整体性，以抵抗弯曲和位移，接头处还要满足钢轨伸缩的要求。钢轨与轨枕间的联结是通过中间联结零件实现的。中间联结零件也称扣件，要求具有足够的强度、耐久性和一定的弹性，以便长期有效地保持钢轨与轨枕的可靠联结，阻止钢轨相对于轨枕的移动，并能在动力作用下充分发挥其缓冲减振性能，延缓轨道残余变形的积累，如图 5-2-2 所示。

图 5-2-2 钢轨接头联结零件

无砟轨道的路基不用碎石，将铁轨和轨枕直接铺在混凝土上，可减少维护、降低粉尘等。

1. 道岔

道岔是使机车车辆从一股轨道转向或越过另一股轨道的设备，是轨道的重要组成部分，有线路连接、线路交叉及线路连接与交叉三种基本形式。常见的线路连接有普通单开道岔、单式对称道岔及三开道岔；线路交叉形式有直角交叉及菱形交叉；线路连接与交叉形式有交分道岔及各种交叉渡线。应用这些道岔使不同位置和方向的轨道能相互连接起来。

道岔应铺设在直线上，正线道岔不得与竖曲线重叠，其他道岔应尽量避免与竖曲线重叠。

正线道岔钢轨应与线路钢轨采用同一类型。其他道岔钢轨在不得已情况下采用与线路钢轨不同类型时，须保证道岔钢轨强度不低于线路钢轨强度，并在道岔前后各铺一节与道岔钢轨同类型的钢轨。普通单开道岔各部结构如图 5-2-3 所示。

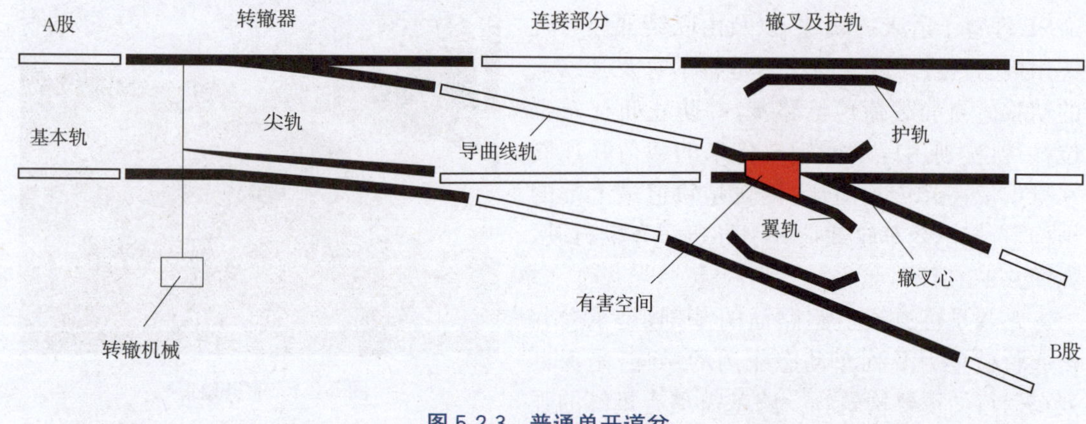

图 5-2-3　普通单开道岔

2. 钢轨

(1)轨距

轨距是两股钢轨轨头顶面下 16 mm 范围内两钢轨作用边之间的最小距离。我国铁路主要采用 1 435 mm 的标准轨距,中国铁路昆明局集团有限公司部分铁路采用 1 000 mm 的窄轨距。此外,世界其他国家还有采用 1 520 mm 等宽轨距。在机车车辆运行的动力作用下,轨距可能产生一定的偏差。规定这种偏差按线路等级划分,线路容许偏差值为－2～＋6 mm。

(2)水平

直线地段两股钢轨的顶面要保持在同一水平。如有误差,在正线和到发线上规定距离范围内两股钢轨的轨顶面高度差不允许超过 4 mm。

(3)轨距加宽

机车车辆走行部中只能保持平行而不能作相对运动的车轴中心线间的最大距离,叫做固定轴距。由于机车车辆具有固定轴距,在曲线上运行时转向架的纵向中心线与曲线轨道中心线并不一致,因而引起转向架前一轮对外侧车轮轮缘和后一轮对的内侧车轮轮缘压挤钢轨的情况,所以小半径曲线的轨距要适当加宽。

(4)外轨超高

线路两股钢轨顶面在直线地段应保持同一水平,因考虑车辆通过曲线时离心力的作用,曲线轨距应加宽;曲线地段的外轨应超高。曲线地段的外轨超高应按标准确定,最大实设超高定为双线地段不得超 150 mm,单线地段不得超过 125 mm。

第三节　轮对尺寸测量

一、第四种检查器测量

1. LLJ-4B 型第四种检查器

LLJ-4B 型第四种检查器可对各种型号车辆进行车轮踏面圆周磨耗测量,轮缘厚度测量,踏面擦伤、剥离、凹陷深度测量,踏面擦伤、剥离、凹陷长度和宽度测量,轮辋厚度测量,轮辋宽度测量，踏面碾宽超限测量，轮缘垂直磨耗超限测量。

(1)结构特点

检查器的结构和各部分名称如图 5-3-1 所示，其结构特点在于底板相连的轮缘厚度测尺尺框有上下两个导槽，下面的导槽使尺框在底板上左右移动，上面的导槽用于装轮缘厚度测尺。踏面圆周磨耗测量基准点直接选在车轮踏面滚动圆中心，通过测量轮缘高的变化，测量踏面磨耗值。轮缘厚度测点固定在滚动圆中心向上 12 mm 处，实现了以踏面为基准测量轮缘厚度的方案。

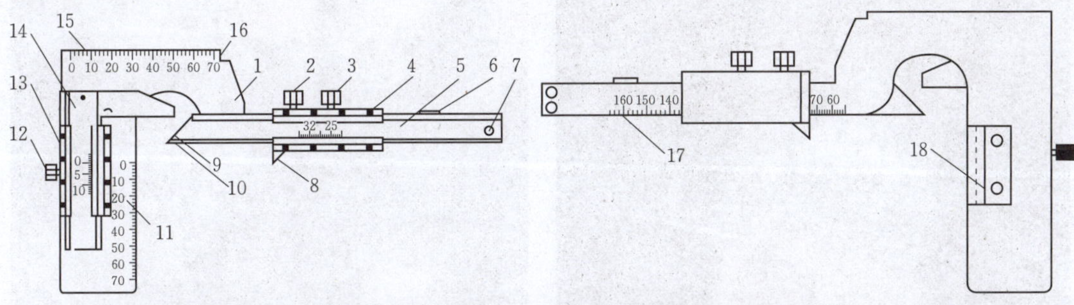

1—底板；2—尺框定位钉；3—轮缘厚度测尺紧固钉；4—轮缘厚度测尺尺框；5—轮缘厚度测尺；6—定位块；7—螺钉；8—踏面定位测头；9—垂直磨耗测头；10—轮缘厚度测尺测头；11—轮辋厚度测尺；12—踏面磨耗测尺紧固钉；13—踏面磨耗测尺尺框；14—踏面磨耗测尺；15—刻度尺；16—碾宽测量线；17—轮辋宽度测尺；18—定位角铁。

图 5-3-1 LLJ-4B 型第四种检查器

(2)测量方法

①测量车轮踏面圆周磨耗：针对磨耗型车轮踏面 70 mm 处圆周磨耗的测量，先移动轮缘厚度测尺尺框，使踏面定位测头定位在滚动圆中心 70 mm 处，紧固尺框定位钉，或用定位块快速定位，向左推动螺钉，使轮缘厚度测尺达到极限位置。同时，定位块带动尺框向左移动到预定位置，即踏面定位测头定位在滚动圆中心 70 mm 处，紧固尺框定位钉。将检查器置于车轮上，使定位角铁和踏面定位测头分别与轮辋内侧面和踏面滚动圆中心靠紧，向下推动踏面磨耗测尺使之与轮缘顶部接触，即可在游标上读出踏面磨耗值，如图 5-3-2 所示。

第四种检查器测量方法

②测量轮缘厚度：完成上述操作后，向左推动轮缘厚度测尺，使之与轮缘接触，即可在游标上读出轮缘厚度值，如图 5-3-3 所示。

图 5-3-2 测量车轮踏面圆周磨耗

图 5-3-3 测量轮缘厚度

③测量踏面擦伤、剥离、凹陷深度：松开尺框定位钉，移动轮缘厚度测尺尺框，使踏面定位测头置于踏面擦伤、剥离、凹陷最深处，利用相对测量方法，测量磨耗型踏面局部擦伤、剥离凹陷深度尺寸。如在踏面擦伤、剥离、凹陷处测量为 3.5 mm，在同一直线上未擦伤、剥离、凹陷处测量为 2 mm，则实际擦伤、剥离、凹陷深度为 1.5 mm，如图 5-3-4 所示。

④测量踏面擦伤、剥离、凹陷长度和宽度：用刻度尺在踏面擦伤、剥离、凹陷处进行长度和宽度测量，如图 5-3-5 所示。

图 5-3-4　测量踏面擦伤

图 5-3-5　测量踏面剥离

⑤测量轮辋厚度：将检查器置于车轮上，同轮辋内侧面和滚动圆 70 mm 处靠紧，从轮辋厚度测尺直接读出轮辋厚度值。

⑥测量轮辋宽度：将轮缘厚度测尺尺框向右推至端部，把检查器置于车轮内侧面并密贴，再向左移动尺框，使踏面定位测头与轮辋外侧面接触，从轮辋宽度测尺读出轮辋宽度值。如踏面有碾宽，减去踏面碾宽数值即为轮辋的实际宽度，如图 5-3-6 所示。

⑦测量踏面碾宽超限：利用碾宽测量线来判定，如图 5-3-7 所示。

图 5-3-6　测量轮辋厚度

图 5-3-7　测量踏面碾宽

⑧测量轮缘垂直磨耗超限：在测量轮缘厚度时可同时观测垂直磨耗是否超限，方法是在轮缘厚度测头与轮缘接触时，观察其上边的垂直磨耗测头是否与轮缘接触。如果未接触，说明轮缘垂直磨耗没有超限，否则超限，如图 5-3-8 所示。

2. LLJ-4D 型第四种检查器

LLJ-4D 型第四种检查器可测量各种型号车辆车轮踏面圆周磨耗、轮缘厚度、轮缘高度、轮辋厚度、轮辋宽度、轮缘垂直磨耗、踏面擦伤深度和长度、踏面剥离深度和长度、轮辋碾宽等参数。

图 5-3-8 测量轮缘垂直磨耗

(1)结构特点

检查器主要由尺身、轮缘高度及踏面磨耗测尺、轮缘厚度测尺、垂直磨耗测尺、轮辋宽度测尺、碾宽测量刻线、定位角铁、定位销、踏面磨耗及轮缘高度测尺锁紧螺钉、轮辋宽度测尺锁紧螺钉、轮缘厚度测尺锁紧螺钉、轮辋宽度测尺尺框、轮辋厚度测尺等组成,如图 5-3-9 所示。

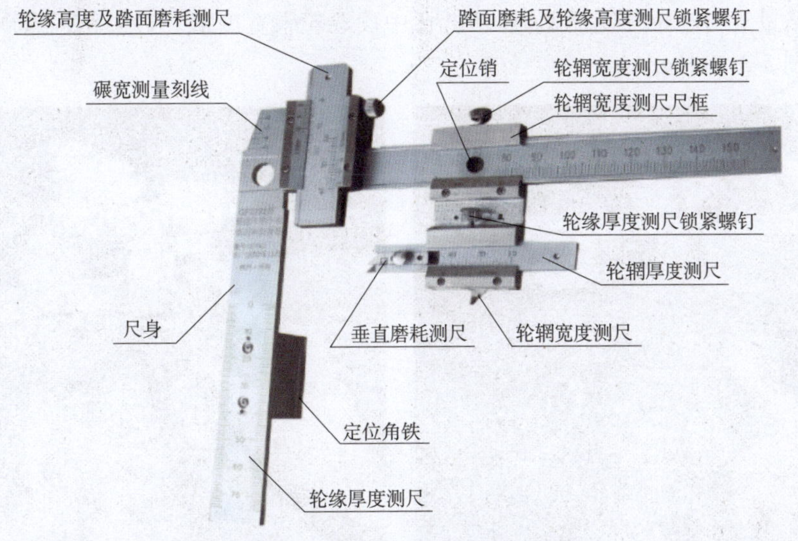

图 5-3-9 LLJ-4D 型第四种检查器

(2)测量方法

①测量踏面圆周磨耗及轮缘高度。移动轮辋宽度测尺尺框,使定位销落入销孔内,然后锁紧其锁紧螺钉;将定位角铁与车轮内侧面密贴,并使轮辋宽度测头与车轮踏面接触;推动踏面磨耗测尺使其测量面与车轮轮缘接触,以左边游标读取踏面磨耗值,从右边游标读取轮缘高度值,如图 5-3-10 所示。

②测量轮缘厚度及垂直磨耗。移动轮辋宽度测尺尺框,使定位销落入销孔内,然后锁紧其锁紧螺钉;将定位角铁与车轮内侧面密贴,推动轮缘厚度测尺使其测量头与轮缘接触,从游标中读取轮缘厚度值,推动垂直磨耗测尺使其测量头与轮缘接触,如果轮缘厚度测尺上的 0 刻线与垂直磨耗测尺的 0 刻线对齐,则说明轮缘垂直磨耗到限,如图 5-3-11 所示。

③测量轮辋厚度。移动轮辋宽度测尺尺框,使定位销落入销孔内,然后锁紧其锁紧螺钉;将定位角铁与车轮内侧面密贴,读取轮辋厚度测尺刻线中与轮辋内侧边缘对齐的数值,该数值即为轮辋厚度,如图 5-3-12 所示。

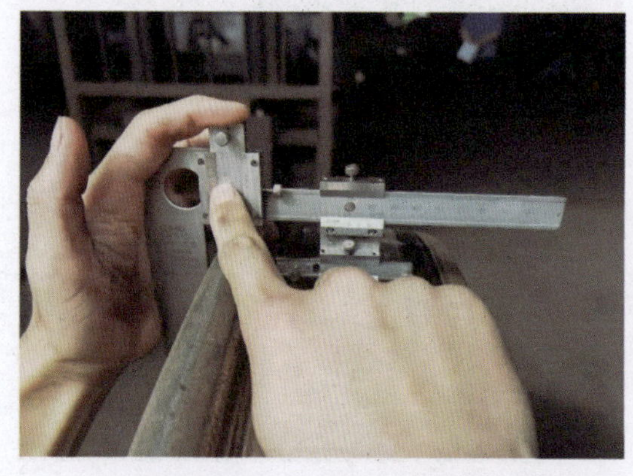

图 5-3-10　测量踏面圆周磨耗

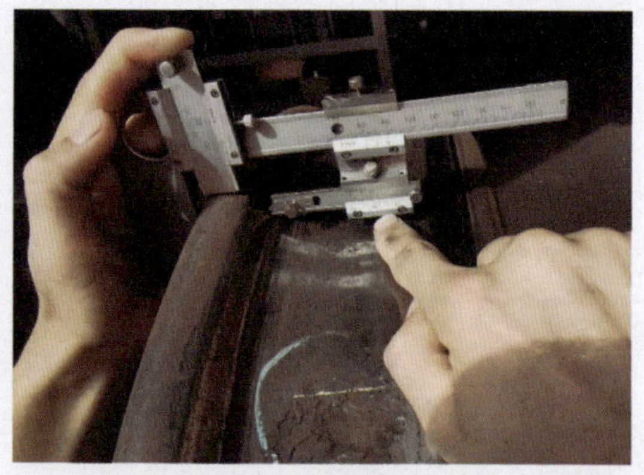

图 5-3-11　测量轮缘厚度

④测量轮辋宽度。移动轮辋宽度测尺尺框，使定位销落入销孔内，然后锁紧其锁紧螺钉，将定位角铁与车轮内侧面密贴，并使轮辋宽度测头与车轮踏面接触，推动轮辋宽度测尺尺框，使其测量头与车轮外侧面贴靠，从游标中读取轮辋宽度值。如果踏面有碾宽，应减去碾宽值，如图 5-3-13 所示。

图 5-3-12　测量轮辋厚度

图 5-3-13　测量轮辋宽度

⑤测量踏面擦伤深度。移动轮辋宽度测尺尺框，使定位销落入销孔内，然后锁紧其锁紧螺钉，将定位角铁与车轮内侧面密贴，并使轮辋宽度测头与车轮踏面接触，移动轮辋宽度测尺尺框，使其测头落入擦伤最深处，测量此处轮缘高度值记作 h_1，测量同一圆周未擦伤处，轮缘高度值记作 h_2，擦伤深度为 h_1-h_2。

⑥测量车轮踏面剥离。测量车轮踏面剥离长度时，沿车轮圆周方向测量其最长处的尺寸即为踏面剥离长度。列检测量时规定：两边宽度不足 10 mm 的剥离尖端部分不计算在内；长条状剥离的最宽处不足 20 mm 的亦不计算；两块剥离边缘相距小于 75 mm 时，每处长不得超过 35 mm，多处小于 35 mm 的剥离，其连续剥离总长度不得超过 350 mm；剥离前期未脱落部分可不计算在内。

⑦测量车轮碾宽。将尺身垂直外边贴紧轮辋外侧面，用碾宽测量刻线测量碾宽，读取碾宽最宽处所对应刻线数值，即为车轮碾宽值，如图 5-3-14 所示。

图 5-3-14　测量车轮碾宽

二、车轮直径测量

目前常用的车轮直径检查尺有两种：一种是直接测量车轮直径两端点间距离（简称轮径尺），另一种是根据车轮的三个接触点间的距离显示出车轮的直径（简称轮径测量仪）。

1. 轮径尺（图 5-3-15）

使用时，先将左游标或右游标任何一端用止螺钉固定，然后移动另一端游标，检查尺从轮背内侧放到车轮上，主尺平面须与轮背内侧贴紧，以保证固定侧测头处于车轮测量基线上，并贴紧踏面，然后移动调整活动侧游标，使测头与踏面接触（松紧须适当），将两侧游标尺寸相加，即为该车轮直径尺寸。

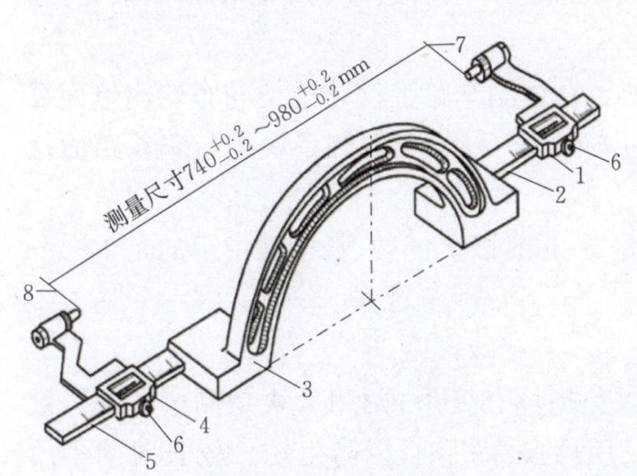

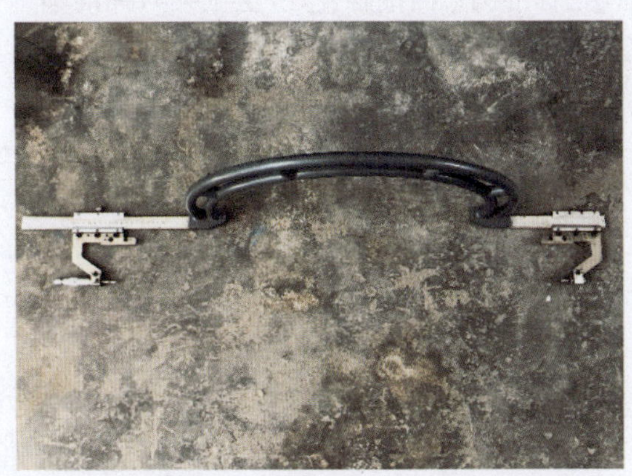

1—右游标；2—右主尺；3—尺体；4—左游标；5—左主尺；6—止螺钉；7—右测头；8—左测头。

图 5-3-15　轮径尺样式

2. 轮径测量仪

机车车辆车轮轮径测量仪用于测量各种机车、车辆、动车组、城市地铁车辆车轮滚动圆直径，设计机械指示表读数方式，但可以直接读出直径值。该测量仪采用 V 形三点式间接测量直接读数原理，具有测量误差小、示值稳定性好、直接读出直径值、质量轻、操作方便的特点。

(1)结构特点

轮径测量仪(图 5-3-16)由测量块、构架、提手、指示表、传动装置、测杆、测头、定位架组成,用于校对轮径测量仪“零位”的标准圆是一段圆弧。

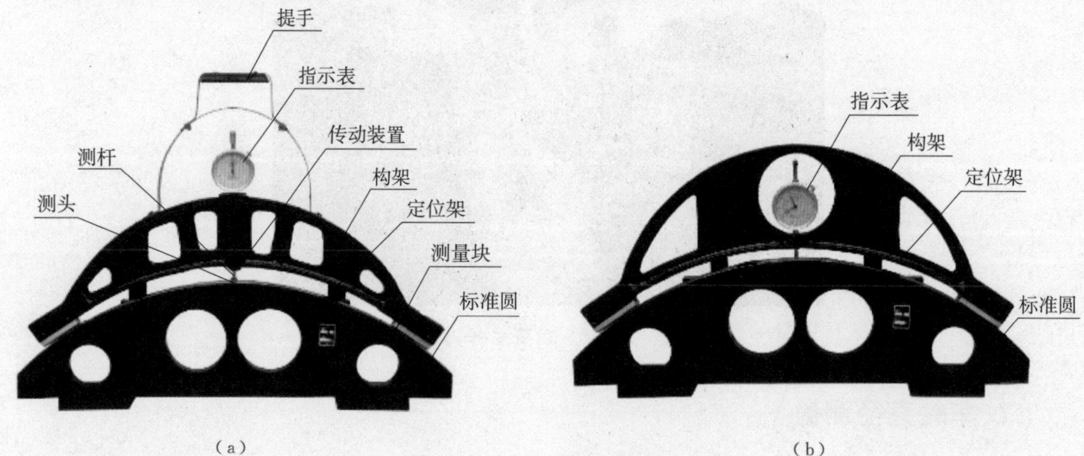

图 5-3-16　轮径测量仪

(2)使用方法

在标准圆上校对“零位”,根据 JJG 1081.2—2013《铁路机车车辆轮径量具检定规程　第 2 部分:轮径测量器》中的规定示值为−0.5～0 mm,所以校对时应比标准圆小 0.3 mm。机械指示表读数方式“零位”校对方法:拧紧指示表测头和测量仪测头,以免校对“零位”或作测量时测头松动而带来测量误差;在测量仪上装指示表;将测量仪放置在标准圆上,保证两测量块均与标准圆弧面接触良好,定位架与标准圆定位端面密贴,然后通过上下移动指示表,将指示表读数调至比标准直径值小 0.3 mm。

测量时,两手握住测量仪两端的构架部位,放置在被测车轮上使定位架与车轮内侧面靠紧(因为有磁性,只要一接触就能保证密贴),两手轻轻压一压,至两测量块均与车轮踏面接触到位,这时即可从指示表读出直径值。

机械指示表读数方法:指示表短指针指示的是 10 mm 以上的数,长指针指示的是 10 mm 以下的数,分度值为 0.1 mm,可估读到 0.01 mm。

(3)保养与使用注意事项

使用过程中,应防止对各部件的剧烈摔碰,以免损坏和变形;两测量块是测量仪的关键部位,不得拆动,以免影响测量准确度;标准圆使用后要涂机油,以防生锈。较长时间不用时,测头、测量块应擦上机油;相对运动部位应经常滴少量洁净润滑油;数显指示表应避免油或水进入电路板;指示表失灵可送计量部门比照百分表进行检修。

三、车轮内侧距离测量

1. 轮对内侧距离检查尺有刻线式和数显式两种,如图 5-3-17、图 5-3-18 所示。

2. 测量方法

使用时向内拉动滑尺,将检查尺 A、B 两处平放在轮缘顶点上,并与车轴中心线保持平行,使两测头 A、B 处与轮对内侧面密贴,紧固滑尺上的紧固螺母,读出滑尺上短刻线与主尺上刻线相对处的读数，即为该轮对的内侧距离。数显式轮对内侧距离检查尺直接显示数值。

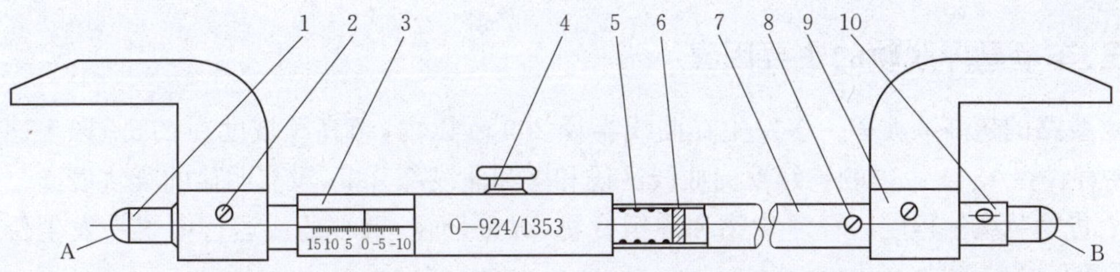

1—活动测杆；2—紧定螺钉；3—标套；4—螺钉；5—弹簧；6—弹簧座；7—尺身；8—紧定螺钉；9—限位钩；10—可调测杆。

图 5-3-17 刻线式轮对内侧距离检查尺

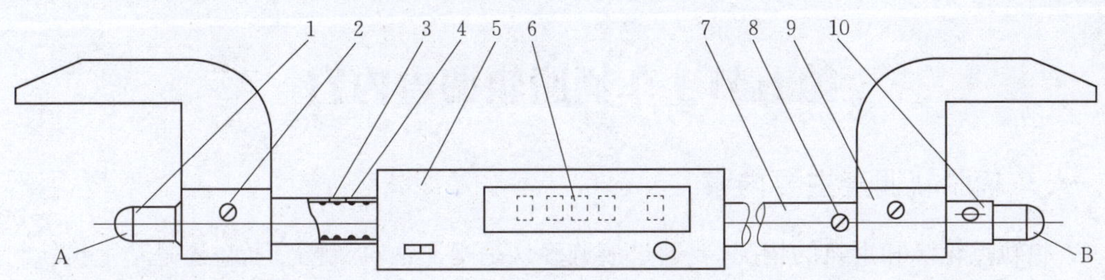

1—活动测杆；2—紧定螺钉；3—弹簧；4—套筒；5—传感器；6—数显表；7—尺身；8—紧定螺钉；9—限位钩；10—可调测杆。

图 5-3-18 数显式轮对内侧距离检查尺

第四节 车辆脱轨影响因素

一、车辆状态引起的脱轨因素

1. 转向架与车体是斜对称载荷，构架扭曲弹簧刚度不一致、轮径不一致，前后心盘不平行或对角旁承压死等都能引起轮对一侧减载而造成脱轨。

2. 旁承摩擦力过大，阻碍转向架转动，通过曲线时使轮缘承受过大侧向压力引起脱轨。（在采用旁承支重的转向架上易发生）

3. 轴箱定位刚度过大，使轮对与钢轨间侧向冲击力增加，易造成脱轨。

4. 空车比重车易脱轨，这是由于空车弹簧挠度小，对线路扭曲的适应力差导致的。

5. 车辆重心位置过高，影响到各轮垂直载荷的分配，也易引起脱轨。

6. 旁承游间过大，能引起车辆过大的侧滚振动，对脱轨安全性也有影响。

7. 轮缘外侧粗糙，加大了轮轨间的摩擦力，易导致脱轨。

二、线路状态引起的脱轨因素

1. 线路水平面扭曲的影响能增加轮对的侧向压力，易引起脱轨。

2. 小半径曲线外轨超高较大，车辆在低速通过时，使外侧车轮减载；高速运行时，如外轨超高不足，内侧车轮则减载，这些都会影响轮对的稳定性。

3. 线路高低不平的程度过大或线路水平突变，均会使个别车轮产生脱空而不承载或减载，引起脱轨事故。

4. 道岔上的尖轨与基本轨不密贴或尖轨被轧伤，都易使轮缘爬上钢轨而发生脱轨事故。

三、车辆悬浮脱轨的主要因素

1. 线路的超高顺坡率。多发生在曲线半径 200 m 以内，超高顺坡度在 2.5‰以上。曲线间夹直线在 25 m 以内的连续反向曲线区段和缓和曲线部分上，没有明显的爬轨痕迹。

2. 货物装载的程度。轻浮货物和零担货物，载重量轻、重心高或运行中容易发生位移造成严重偏载的货物。

3. 车辆旁承接触状态和游间大小。两侧旁承游间大或小，或一侧旁承无游间。

此外，因列车运行速度较低，时速为 10～20 km 的列车制动冲动引起的横向运动容易造成脱轨。

第五节　车辆脱轨调查内容

一、车辆脱轨调查主要内容

1. 脱轨点轮缘和钢轨的情况，要通过痕迹确认是爬上钢轨、跳上钢轨，还是垫上钢轨。
2. 脱轨点到停车的距离，以及轮对运行的轨迹。
3. 道床、轨枕、辙岔、岔尖以及护轮轨的技术状态。
4. 轮对内侧距离。
5. 轮缘厚度、圆周磨耗深度以及垂直磨耗状态。
6. 制动配件脱落情况。
7. 脱轨时机车操纵情况。
8. 脱轨处曲线半径和顺坡率。
9. 货物装载情况，是否超载或偏载。
10. 心盘旁承的技术状态。

二、其他调查要求

1. 在全面调查的基础上还要调查脱轨的具体地点、第一脱轨铁路货车、轴位，并找到第一脱轨点，对脱轨点前方（列车运行相反方）一定长度的线路范围内，有无机车车辆配件脱落、刮碰行车设备的痕迹等情况进行调查。

2. 对第一脱轨点车轮轮缘在钢轨上运行痕迹进行拍照和摄像，对脱轨货车轮对等配件进行检查测量，并逐辆进行记录。

3. 对配件脱落等事故，要找到线路上第一刮碰痕迹地点，并前往配件脱落刮碰的地点前方线路，进行勘察和寻找脱落丢失的配件。

4. 绘制事故现场线路、脱轨铁路货车位置、脱轨点、脱轨后运行轨迹和米数、配件散落地点等示意图。

5. 对货运列车脱轨事故所造成的铁路货车破损，逐辆详细记录零部件的破损程度、弯曲及变形尺寸，并逐辆确定事故货车的破损程度。

第六节　车辆脱轨起复方法

一、车轮脱轨在一侧的起复方法

列车运行或调车作业中，由于散装货物埋上钢轨或侧面冲突等原因而造成脱轨时，经常出现车轮脱轨在一侧现象，一般车轮运行方向变化不大，但脱轨后走行距离越长，车轮离开钢轨也越远。

起复方法：用人字形复轨器起复。如脱轨车轮轮缘距钢轨外侧在 240 mm 以内时，在车轮前的两根轨枕上安放人字形复轨器即可；当超过 240 mm 时，可留出适当走行距离后，安设导轮轨，然后用机车拉动即可。

二、车轮沿轨道两侧脱轨的起复方法

车辆运行中由于物体垫脱或其他原因使两个转向架脱轨到线路不同侧面。

起复方法：此种情况可根据车轮轮缘距钢轨外侧的适当距离选定适当地点，安放一组人字形复轨器，用机车拉动一次复轨即可。

三、车轮脱轨过远或偏斜时的起复方法

车辆运行中由于障碍物垫脱或车轮脱轨后受钢轨等物件阻碍，使脱轨车轮转动方向过远或偏斜。

起复方法：当脱轨车轮离开钢轨过远或偏斜时，采用导轮轨调向后，再使用复轨器使车轮复轨。在没有导轮轨或短钢轨时，也可采用钢丝绳拉正法，把钢丝绳一端挂在转向架的外侧轴箱上，一端连挂机车车钩上，慢慢拉动，转动转向架方向，使脱轨车轮靠近钢轨。

四、车轮脱轨成“骑马”状态时的起复方法

脱轨转向架成“骑马”状是较难起复的，特别是我国新造车辆均系铸钢侧架，下部距轨面较低，如车轮落地后，侧架下部低于钢轨高度，大大影响了转向架转动的灵活性，其起复方法有下列三种：

1. 钢丝绳拉轴箱调向复轨方法：先将货物卸空，再把钢丝绳的一端挂在钢轨外侧的轴箱上，一端连挂机车车钩，在留出车轮调整走行距离之后，装设人字形复轨器或组装式复轨器，用机车缓慢拉动复轨。

2. 当脱轨车辆是铸钢侧架时，应将车轮经过的路上用石砟、轨枕或钢板、铁块垫高，以便在车轮拉动后，使侧架底部高于钢轨顶部，使转向架能够转向，达到车轮靠近钢轨上复轨器的目的。

3. 跨轨起复方法：先在脱轨转向架的一条轴的车轮前，安放人字形复轨器的两个人字位置，然后再用导轮轨调向，使用复轨器复轨。

五、车轮脱轨在两钢轨之间的起复方法

1. 将脱轨车轮前钢轨扶正，利用轨撑、轨距杆、道钉进行固定。

2. 因车轮两轮的外侧距离是 1 633 mm，所以要在轨距小于 1 633 mm 处先安放一个复轨器（两侧均用海参形小块），但不得小于 1 526 mm（小于 1 526 mm 时，车轮有可能将钢轨挤翻），再在前一轨枕挡上安放另一个复轨器。

3. 钢丝绳连接机车牵引复轨。

六、车辆跨线脱轨时的起复方法

1. 在靠近道岔的脱轨转向架车轮前，安设复轨器，用钢丝绳连接机车拉动，使第一台转向架复轨，运行至尖轨后停车，将道岔扳向另一转向架停留线的位置，再继续拉动即可复轨。

2. 第二台转向架也脱轨时，第一台转向架复轨后，可用同样办法使第二台转向架复轨，然后再拉过道岔。

注意事项：拉动时注意车辆旁承与摇枕侧面接触情况，如发生阻抗影响转向架转动时，可用撬棍撬开或用油镐顶开即可；车体与转向架分离时不能按此办法进行。

七、车辆在曲线上脱轨时的起复方法

在曲线上进行复轨比较困难，因为转向架与轨道的斜角增大，往往一侧复轨后又脱向另一侧。所以，在起复过程中，要采取措施使第一轮复轨后能沿着基本轨运行，而不向另一侧倾斜。车辆在曲线上脱轨后可根据具体情况，分别采用以下几种方法：

1. 事故发生在曲线头时，如车轮斜度不大，可将车辆拉入直线段，然后按上述直线段起复方法处理。

2. 事故发生后，不能拉入直线时，如救援列车、救援队备有组装式（多能）复轨器时，可安设组装式（多能）复轨器进行起复。

3. 如无组装式（多能）复轨器，可安设人字形或海参形复轨器，然后在复轨器前方曲线内股钢轨内侧加钉长 2 mm 以上的护轮轨，迫使复轨的车轮不走斜道。

4. 如在混凝土轨枕区段，要先在安设护轮轨地段的原轨枕中间穿入轨枕并捣实，把短轨钉到新穿入的轨枕上，再进行上述操作。

八、事故救援起复方法

1. 有动力起复

发生脱轨或颠覆事故，使用动力起复是最简便的救援起复方式。假如仅仅是车辆脱轨，则用索具将转向架和车体固定为一体，然后用救援吊车吊起，使轮对复轨即可；假如属于颠覆，在转向架破损的情况下，用吊车先将车体吊出后，再将转向架组装完整，把车体吊回即可。

2. 无动力起复

如事故发生在专用线、尽头线、编组场等特殊地段，出现救援列车无法靠近或者使用救援列车费用太高等情况时，则采取无动力起复的方式进行施救。无动力起复主要是借助人力或一些便携式起复工具来完成起复工作，主要有以下几种方法：

(1)组合式人力起复器起复，主要工具有可移动钢轨一组、滑车两台、50 t 双筒千斤顶 2 台、横顶千斤顶一台、垫木若干。起复时，用索具将轴身与中梁固定为一体，选择合适位置将横移钢轨横放在脱轨车辆一端的牵引梁下面，放置好滑车和千斤顶，将脱轨的车辆顶起，待轮缘高于钢轨后，将横顶千斤顶平放于横移钢轨上，向复轨方向横顶，待踏面位于钢轨上方时，落下 50 t 千斤顶即可。

(2)三角架式起复器起复。此种起复器分为两种，两种起复器作用原理相同，一种是直接顶在脱轨车辆的轴身下边，另一种是将脱轨车辆的轴身用索具捆固在中央梁上，然后顶起车辆的中央梁。使用方法：选择适当位置及间距将起复器放置好，人字形双顶合力将车辆顶起，待达到一定高度后，缓慢松动复轨方向一侧的放油阀，在不平衡力的作用下，车辆则自动移至复轨位置。

(3)千斤顶、道板起复法：用千斤顶将车辆顶起，轮缘高于钢轨后，用木板做垫，在轮缘下部和木板上部放置钢轨夹板，轻轻将千斤顶落下，然后再用千斤顶按起复方向顶轮辐板，在外力作用下，使车轮滑向复轨位置。

(4)人字形复轨器复轨方法：按照"左人""右入"的起复方向安装，避开腐朽轨枕和钢轨接头，用机车牵引即可达到复轨的目的。遇到混凝土轨枕时，则在两轨枕间穿入，然后在此轨枕上安装复轨器。现在均使用卡箍式复轨器，直接安装在钢轨上，防脱板安装在钢轨下部，用固定螺栓紧固在钢轨侧面，将复轨器与钢轨固定一体即可牵引。

九、复轨器的使用

1. 使用海参形复轨器进行复轨

海参形复轨器由内外两块合成一组，内侧矮小、外侧略高大，用钩螺栓固定。安装使用时，按脱轨车轮位置，在车轮脱轨外侧安装复轨器，即略高大的复轨器与钢轨外侧面靠紧。车轮在轨道内侧的，安装矮小的复轨器，使顶部与钢轨的侧面留出 35～40 mm 轮缘槽，然后将紧固螺栓从钢轨底部穿过，一端钩在钢轨底上，一端从复轨器孔内穿出紧好螺母即可。

海参形复轨器体积小、质量轻(外侧重 54 kg)、安装及加固简便，且由于安放在钢轨一侧，即使压在车底下时也妨碍不大，很适合起复脱轨的机车动轮。但其有效导轮面只有 150 mm，较人字形复轨器窄 90 mm，因而当车轮轮缘距钢轨侧面大于 150 mm 时，就必须采取导轮措施。海参形复轨器安装在钢轨的同一侧，如车轮脱轨在两侧时，须安装两组才能完成，因而也不如人字形复轨器优越。

安装注意事项：安装在线路中间的内侧复轨器，不论靠在哪一条钢轨上，均须留出 35～40 mm 的轮缘槽；复轨器安置后，其顶部的滑动面要涂少量润滑油，以增加车轮滑落能力；车轮至轧上复轨器间的车轮经路上要垫铺石砟，以减少车轮压拉在复轨器上的阻力，避免更多地轧伤轨枕。

2. 使用人字形复轨器进行复轨

人字形复轨器是我国铁路救援使用最广泛的一种复轨器，是利用导轮棱条的作用调整车轮转动方向，用斜坡面使车轮由地面转动至钢轨顶部。其特点是不论车轮脱轨在钢轨一侧或两侧都能起到复轨作用，未脱轨的车轮正向从其顶上越过也不会脱轨。此种复轨器安装方法简单，但由于其尾部导轮梭的有效跨度为 240 mm，当车轮脱轨后离开钢轨的距离大于 240 mm 时，必须配合使用导轮轨才能发挥其作用，又因为它是骑卧在钢轨上的，故在复轨中有时被压在机车动轮底下不易取出，影响复救。

安装方法:在脱轨车辆复轨方向的一端前,按照车轮距钢轨的距离,选择两块轨枕处,将复轨器大筋设在钢轨外侧或称"左人""右入"的位置安放,其后端须落在轨枕上,再在头部与钢轨顶接触处垫上防滑木片或干棉丝、破布等,尾部两弯角处钉上防滑道钉,在腰部底下两侧填充石砟或木块垫实,以防压翻。

安装注意事项:复轨器不要在钢轨接头处安放,因受钢轨鱼尾板影响不易放平;不要在腐朽轨枕上安置,以免钉固不牢,复轨时压翻。如果是混凝土轨枕,应在两个轨枕之间穿入轨枕或短轨枕头并捣实,将复轨器安放到新穿入的轨枕上。

第七节　大型配件的更换与处理

一、快速组装转向架方法

用四根轨枕分别叠放于钢轨内侧,要求与钢轨平行,并垂直于轨道轨枕,先吊起摇枕,垂直于钢轨放置在叠放的两组轨枕上,然后吊起一个侧架,挂在摇枕的一端并在侧架下悬杆下部垫上道木墩,以保持摇枕侧架的平衡,然后以同样的方法挂上另一端侧架,承载鞍用专用卡具或铁丝固定在侧架导框内,此时将斜锲、枕簧安装到原位。将轮对分别吊放在组装好的转向架两端,吊起组装好的转向架,将轮对推入即可。如果没有吊车或起重机械,用人力采用同样方法组装转向架也不复杂,如图 5-7-1、图 5-7-2 所示。

图 5-7-1　吊下转向架

图 5-7-2　落下车体

为满足快速开通线路的需要,一切基础制动装置均可以不安装,交叉支撑转向架一般不会散落;一旦发生散落,可将交叉杆割除或卸下。交叉杆发生严重变形,使转向架扭曲、变形时,须将交叉杆去除,使转向架复位,此时车辆可以临时运行。开通线路后,在备用线路上,再将转向架做彻底处理。

二、快速更换轮对的方法

滚动轴承轮对普及后,由于沿途不能在第一时间进行人工轴温检查和判断,所以更换轮对便成了列检工作的常见工作。如遇到外侧轮对需要更换,空车则非常简单,用两个 20 t 千斤顶分别将两侧侧架顶起到一定高度,将轮对推出后以同样方法将新轮对推入即可,如图 5-7-3 至图 5-7-13 所示。如在不能倒装的地点发生重车必须换轮的情况,则要借助 50 t 千斤顶先将车体顶起后，再按上述方法更换轮对即可。但在特殊情况下，由于地基、装载货物等情况，会使车辆产生微小移位，受闸杆式手闸托的影响，轮对不易推出。此时，在手闸托相对的一侧轮踏面和钢轨之间放置一根适当厚度的木方条，使轮对一端高于另一端，便可以躲开手闸托的影响。

图 5-7-3 插设防护

图 5-7-4 设置防溜

图 5-7-5 关闭截断塞门

图 5-7-6 拆卸拉环

图 5-7-7 拆卸上拉杆圆销

图 5-7-8 架设铁马

图 5-7-9　放置安全木

图 5-7-10　推出故障轮对

图 5-7-11　换入良好轮对

图 5-7-12　确认承载鞍正位

图 5-7-13　安装轴承挡键

三、更换内侧轮对的车体支架

众所周知，更换内侧轮对时只要架起车体并将转向架推出即可，但是在沿途架车后，因为路基的原因导致无法设置铁马，安全就无法保障。当前，站段常用千斤顶架车后直接推车，采用这种方式存在严重危险性，应须制作一个安全支架托住车体。

支架的制作非常简单，即用 100 mm 的槽钢做一个中心距大于钢轨中心距的梯形平台，下部宽 600～800 mm，上部宽 300～400 mm，高 800～1 000 mm。为分解车体的压力，在中部两侧分别加焊两根斜拉支撑装置，然后再配置一定数量的轨枕头以及木板，待千斤顶将车体顶起后，选择合适位置放置在车下做支撑即可代替铁马，解决劳动安全问题。

四、转向架支撑——中部安全出轮法

无中梁罐车更换轮对时，外侧可参照以上方法，内侧可以考虑转向架支撑——中部安全出轮法。具体方法如下：

将两个 50 t 千斤顶置于车辆端部的牵引梁外端（不得让混凝土轨枕受力）顶至一定高度后，在上下旁承间加安全木，向上托起心盘销，将转向架向车端推移，使外侧轴身靠近千斤顶。此时能为出轮创造一个较大的空间（出轮空间）。

快速将内侧侧架顶起，使轮对进入“出轮空间”后，在两侧架下悬杆下部垫上轨枕将千斤顶落下，侧架则平稳地落在轨枕上后，在心盘和牵引梁间填充轨枕头，将千斤顶落下，使车体的全部重量落在转向架上。

利用一个小滑车结合千斤顶将轮对顶至轮缘超过钢轨，两次就可以将轮对横向推出钢轨，再以同样的方法将新轮对推入，并使用同样的方法将转向架复原归位。

第六章　热轴故障应急处置

第一节　滚动轴承简介

一、工作原理

铁路车辆滚动轴承的基本结构一般由外圈、内圈、滚动体、保持架、润滑剂和密封装置组成。内圈通常装配在轴颈上，与轴一起旋转。外圈通常装配在轴箱或轴承座内，起支撑作用。滚动体在内圈和外圈之间，当轴颈与内圈一同相对外圈旋转时，引导滚动体一面绕其轴心自转，一面绕内外圈滚道滚动；滚动体的大小与数量决定轴承的承载能力。保持架的作用是使各滚动体均匀分布，防止互相碰撞摩擦，并在一定程度上引导滚动体滚动良好。润滑剂保证轴承内各接触间的润滑作用，减少磨损。密封装置起到防止轴承内部油脂漏泄及外部异物进入轴承内部的作用。

二、结构特点

铁路车辆用滚动轴承均配置在簧下，除承受车辆载荷外，还直接承受着轮轨间发生的振动、冲击，其可靠性直接关系行车安全。因此，要求轴承耐振、耐冲击、寿命高、维护检修方便而且要有较小的尺寸和质量。所以铁路车辆轴承均设计为非标准的形式，并多采用滚动体为向心滚子的轴承。

我国铁路货车车辆主要采用双列圆锥滚子轴承。双列圆锥滚子轴承由内圈、外圈、保持架、中隔圈和密封装置组成。保持架是用钢板冲压而成，将滚子与内圈组合在一起。轴承由两个内圈组件共用一个整体外圈，可以同时承受以径向负荷为主的径向、轴向联合负荷。轴承外圈两端装有密封装置，因而可以不用轴箱，在轴承外圈上面安装承载鞍，即与转向架导框联结，这种轴承习惯上称为“无轴箱轴承”。中隔圈是用来调整轴承轴向游隙的，在新装配或检修轴承时，选择适当厚度的中隔圈，即可得到所需要的轴向游隙值。

货车无轴箱圆锥滚动轴承装置是由外圈、内圈、滚子、保持架、中隔圈、密封罩、油封、前盖、后挡等组成，如图 6-1-1 所示。

三、使用优点

由于滚动轴承依靠主要元件间的滚动接触支撑转动零件，具有摩擦阻力小、功率消耗少、起动容易等优点，在提高铁路运输效率和安全方面作用显著。

1. 减小列车起动和运行阻力，增大列车牵引质量和速度。起动阻力减小 85％，50～80 km/h 下运行阻力降低 17％～20％。

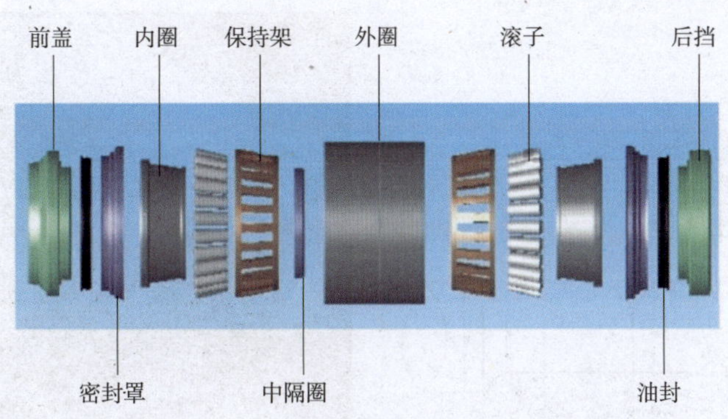

图 6-1-1 圆锥滚动轴承装置结构组成

2. 延长检修周期，减少材料消耗。滚动轴承具有密封性能好、使用寿命长的特点，且使用润滑脂不易甩出和挥发，一次加油可以保持长时间润滑。装用滚动轴承的车辆不仅可延长轴箱装置检查和检修的周期，还可以节约大量的润滑油和有色金属，大大减少材料消耗和检修工作量。

3. 滚动轴承承载均匀，燃轴事故少，安全可靠。装用滚动轴承的车辆，燃轴故障率显著下降，大大减少了因燃轴甩车及切轴造成的列车颠覆事故，提高了运行的安全性和经济效果。

4. 提高运行速度，适应现代化运输。滚动轴承车辆由于持续运行距离长、列车容易起动和加速，因而可以高速运行，滚动轴承是保障列车高速运行的重要零部件之一。

第二节 滚动轴承代号和标记

一、滚动轴承的代号

轴承代号由汉语拼音字母和数字两部分组成，分前、中、后三段，前段用数字和字母分别表示游隙系列和精度等级；中段用七位数字表示轴承基本型号；后段以字母和数字表示轴承结构改变和特殊技术要求。若为普通轴承，只标型号（中段），前后段省略不写。

我国铁路现有使用的国产轴承有两种代号表示标准：一种是废止标准 GB/T 272—1993《滚动轴承 代号方法》（如 SKF197726）；另一种是现行标准 GB/T 272—2017《滚动轴承代号方法》（如 352226X2-2RZ）。现在新造轴承多采用后者作为表示标准。

1. SKF197726 型轴承，如图 6-2-1 所示。

（1）SKF 为厂家单位代号（只用于斯凯孚轴承）。

（2）第一、第二位数表示结构特点，“19”表示密封式双列圆锥面滚子轴承。

（3）第三位数表示轴承类型，“7”表示是圆锥滚子轴承。

（4）第四位数表示采用的直径标准，“7”表示非标准系列。

（5）第五、第六位数乘 5 为轴承内径，26×5＝130（mm），轴承内径为 130 mm。

2. 352226X2-2RZ 型轴承，如图 6-2-2 所示。

（1）第一、第二位数表示结构特点，“35”表示密封式双列圆锥滚子轴承。

（2）第三、第四位数“22”表示轴承宽度系列代号为 2、直径系列代号为 2。

（3）第五、第六位数乘 5 为轴承内径，26×5＝130（mm），轴承内径为 130 mm。

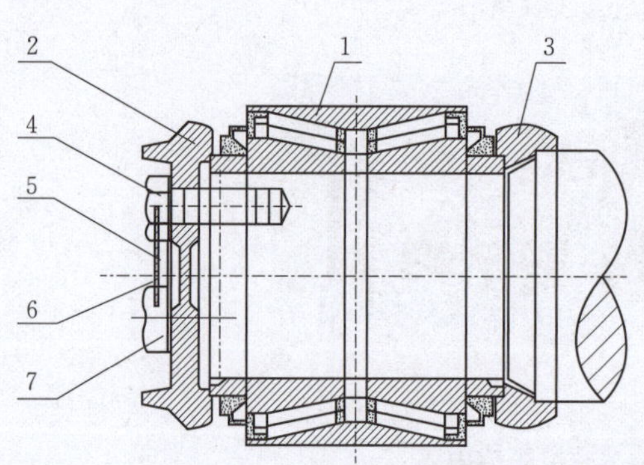

1—轴承；2—前盖；3—后挡；4—螺栓；5—标志板；6—施封锁；7—防松片。

图 6-2-1 SKF197726 型轴承结构组成及实物

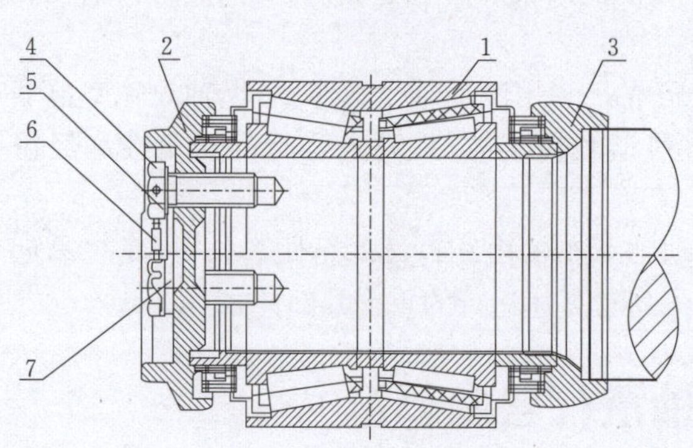

1—轴承；2—前盖；3—后挡；4—螺栓；5—防松片；6—施封锁；7—标志板。

图 6-2-2 352226X2-2RZ 型轴承结构组成及实物

(4)X2 表示轴承宽度为非标准。

(5)2RZ 表示轴承两端面带骨架式橡胶密封圈(非接触式)。

二、货车滚动轴承标记

1. 制造标记

基本标记有轴承型号、制造单位代号和制造年月。在外圈制造年月后须刻打生产顺序号，按 6 位阿拉伯数字编排，标记机械刻打在外圈外径凹槽中。标记为永久性标志，应清晰、易识别。标记字高 3.5 mm，标记示例如图 6-2-3 所示。

2. 轴承大修标记

大修标记有轴承大修符号，轴承大修单位代号，轴承大修年月，补充新品标记(更换内圈或外圈新品时)和轴承编号。轴承外圈上的大修标记分别刻打在外圈外径凹槽中和刻写在外圈内径面上。外圈外径凹槽中的大修标记须采用刻字机刻打，在轴承制造标记后面集中排列；外圈内径面上的大修标记可采用手工刻写，应集中排列，不得损伤滚道。大修符号为"○"、轴承大修单位代号如"TMB"、轴承大修年月如"1407"和补充新品标记"X"(补充新品外圈时在大修年月标记后面刻打)和轴承编号(按 5 位数逐月编排，外圈内径面上不刻写)，外圈标记示例如图 6-2-4 所示。

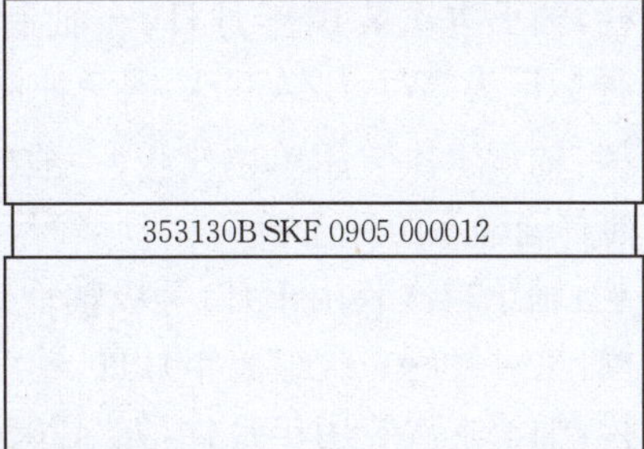

图 6-2-3 轴承制造标记示意

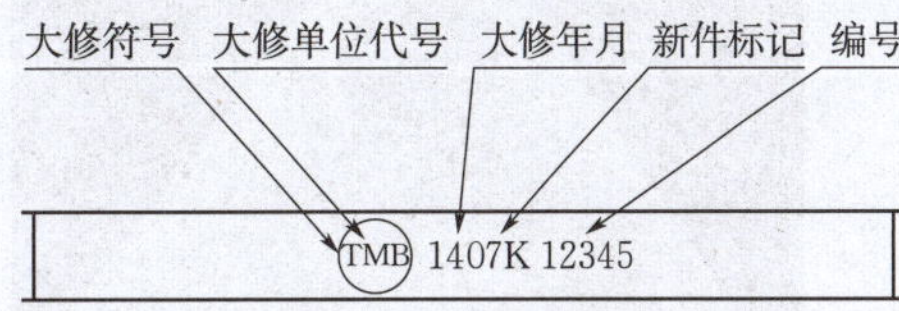

图 6-2-4 轴承大修外圈标记示意

三、滚动轴承标志板标记

标志板是刻打滚动轴承在检修及运用中重要检修记录的部件。它一般使用 0.5～1 mm 的软性不锈钢板制作。轴承标志板共分 A、B、C、D 四栏，如图 6-2-5 所示。

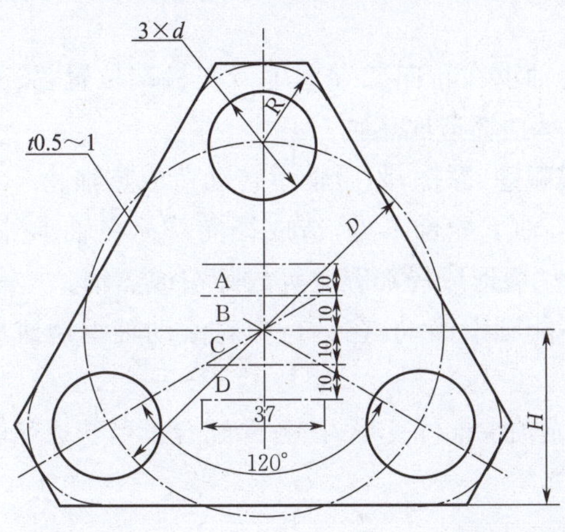

图 6-2-5 标志板示意

注：(1)标志板分 A、B、C、D 四栏，分栏线可以不设，也可以设虚线；

(2)A、B、C、D 不打在标志板上。

1. 轮轴左端轴承的标志板

(1)A 栏：轴承首次装用年月，等级轴承标记“D1”，轴承制造“△”、大修“○”单位代号，轴承分类代号，如“1205 ⓈⒼⒸ”。

(2)B 栏：轮对第一次组装年月日，左，轴号。如“090506 左 12345”。

(3)C 栏:轴承本次装用年月日,车轴制造年月、车轴钢钢种代号、车轴制造单位代号 LZ50 钢钢种标记为“W”,LZ45CrV 钢钢种标记为“H”,LZ40 钢钢种标记为“S”。

(4)D 栏:轴承本次装用单位代号,一般检修单位代号,一般检修符号。如“606 <617>”。

2. 轮轴右端轴承的标志板

(1)A 栏:轴承首次装用年月,等级轴承标记,轴承制造(大修)单位代号,轴承分类代号。

(2)B 栏:轮对最后一次组装年月日,轮对组装单位代号,如“110206　917”。

(3)C 栏:轴承本次装用年月日,如“120503”。

(4)D 栏:轴承本次装用单位代号,一般检修单位代号,一般检修符号。

标志板标记刻打示例如图 6-2-6 所示。

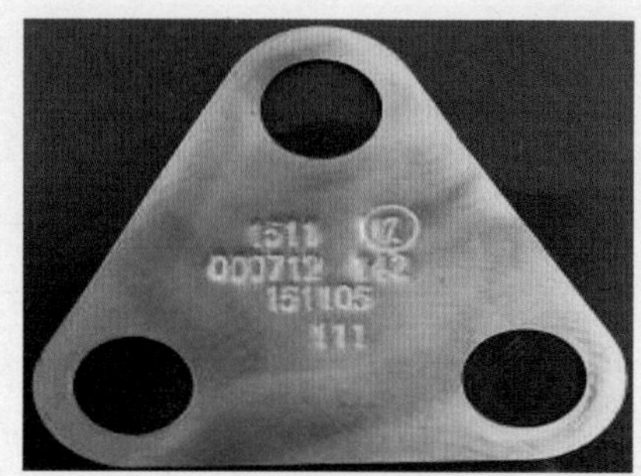

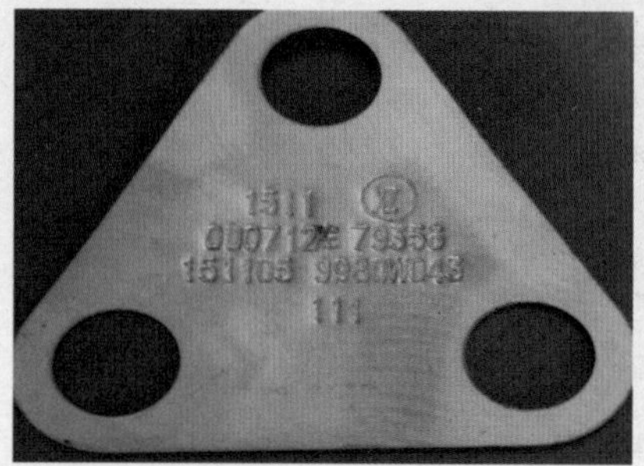

图 6-2-6　轴承标志板标记刻打示例

第三节　热轴故障影响因素

一、轴承外部因素

1. 转向架对角线差过大及挠曲变形等,使轴承在转向架导框里卡在极端位置,失去灵活移动的自由度,造成轴承偏载和过载,加速轴承损坏造成热轴。

2. 承载鞍不正位,造成前盖、后挡与承载鞍碰撞、摩擦,阻碍轴承转动造成热轴。

3. 侧架导框顶面不平或承载鞍凹形顶面与轴承配合不当,造成径向载荷在轴承外圈、滚子、内圈传递时受力不均,从而在轴承配件滚动面形成局部碾皮等故障造成热轴。

4. 轮对踏面有擦伤、剥离等故障,使轮对不能圆滑滚动,在运行中对滚动轴承造成周期性冲击,使轴承配件产生疲劳故障造成热轴。

5. 轴承及配件在运行中受到外力碰撞,造成轴承配件变形,使各部配合不当造成热轴。

二、轴承内部因素

1. 轴承密封失效,油脂甩出,造成轴承内部缺油,轴承部件滚动面不能形成油膜,导致轴承润滑状态不良,运行中摩擦力增大,产生热量造成热轴。主要表现在轴承密封罩、前盖、后挡有大量湿润油脂,且污染了承载鞍、侧架车轮或车底板。

2. 轴承组装时清洗不干净或润滑脂含有杂质导致轴承磨损、发热和发生卡滞现象。

3. 油脂过多,使油脂的摩擦力增大,滚子转动困难,产生搅拌热,造成热轴,转动检查时轴承转动困难。

4. 滚子有麻点、剥离、破裂、缺损等现象，使滚动摩擦力增大，造成热轴，转动检查时轴承内部有异音。

5. 轴承内圈、外圈碾皮、剥离、破裂等现象，使滚动摩擦力增大，造成热轴，转动检查时轴承内部有异音。

6. 保持架破损后碎片在滚子与内圈、外圈滚道之间摩擦造成热轴，转动检查时有卡滞甚至卡死现象。

7. 轴向游隙过小或轴承组装状态不良，使轴承转动受阻甚至卡死造成热轴，转动检查时有卡滞甚至卡死现象。

8. 由于电流通过轴承在轴承内圈、外圈滚道面和滚子滚动面造成电蚀，使滚动摩擦力增大，产生热轴，转动检查时轴承有卡滞现象。

9. 轴承密封罩脱出，造成与前盖摩擦产生热量，现象主要表现在轴承密封罩外移(一般为倾斜外移)。

10. 轴承油封与密封座配合过紧，运行中产生热量，现象主要表现在轴承转动不灵活，多出现在 SKF 轴承。

第四节　热轴故障处置

一、故障处置准备

接到热轴信息后，了解列车停留地点、股道、车次、辆数等有关事项；组织人员，携带应急工装设备、检测器具及材料等，迅速到达故障现场。

1. 工装设备：执法记录仪、对讲机、检查锤、检车灯、活口扳手、红旗(频闪红灯)、照相机、手钳、小撬棍及大撬棍、应急灯、手套、油镐及镐把、承载鞍吊卡、止轮器、掩木、垫板、安全木等。

2. 检测器具：轮径尺、轮对内距尺、第四种检查器、滚动轴承转动检查仪、具备储存功能的便携式红外线测温仪等。

3. 材料及票据：螺母、螺栓、轴承挡键、热轴调查表、车统—23、车统—33 并车统—36、车统—26 等。

二、票据填写

到达现场后在车站行车设备检查登记簿内登记，向车站补发车辆检修通知单(车统—23)。

1. 激、强热货物列车停靠在列检所在站时，列检要立即安排人员进行检查处理，检查处理情况报安全科、调度科。

2. 对非列检所在车站甩下的货车热轴车辆，列检人员立即赶往热轴车辆停留车站进行检查确认，补发车统—23，并将检查结果报安全科、调度科。经检查确认可以继续运行的热轴车辆，填发检修车辆竣工验收移交记录(车统—33 并车统—36)。本站不具备处理条件需回送到其他车站处理时，办理车统—26 手续，并注明回送条件。热轴故障车需倒装货物时，列检应加强与车站联系，尽快安排倒装。本站不具备装卸条件时，由列检人员办理车统—26 手续，并注明回送条件。

3. 对须甩车换轮的，重车须进行倒装，在车统—23注明“须倒装”，本站不具备倒装条件时，办理车统—26手续，并注明回送条件。空车换轮完毕后填发检修车车统—26回送段检修车间进行鉴定。

4. 检查处理热轴货车时，列检人员要再次与5T调度员联系核对热轴信息。

三、热轴故障检查

检查处理热轴故障前应核对热轴信息；使用便携式红外线测温仪对热轴轴承进行轴温测量检查，测温位置为轴承外圈底部、前后排滚子所在外圈相应部位的运行方向后侧，如图6-4-1所示。

图6-4-1　轴温测量及手摸轴温

四、外观检查

1. 滚动轴承有无甩油，外圈、前盖、轴箱有无裂损，轴端螺栓有无松动、脱出、丢失。
2. 轴承外观有无刮碰、锈蚀。
3. 密封罩有无脱出。
4. 承载鞍有无裂损、错位，转K2型转向架承载鞍顶面有无金属碾出。
5. 侧架导框与轴承外圈有无接触；轴箱橡胶垫中间橡胶与上下层板有无错位。
6. 轴承挡键有无松动。
7. 车轮踏面擦伤、剥离、凹下、缺损是否过限。各拉杆、杠杆有无卡滞、别劲。
8. 人力制动机有无紧固。

五、故障轴承转动检查

1. 检查油镐、垫板、防滑垫，防滑垫良好无破损。

2. 在侧架导框内挡边底部适当位置安装承载鞍固定卡子，卡子安装须牢固，防止起镐时承载鞍脱落和偏移。有轴承挡键的车辆须先卸下轴承挡键。

3. 根据车辆空重选择适当的油镐，油镐作用良好，严禁用小油镐(15 t以下)起重车。

4. 根据路基情况设置垫板，镐座安放平稳牢固，并在镐顶设防滑垫。镐顶、镐座不得直接与钢铁接触，不得斜顶和顶在有滑崩可能的地方。

5. 起镐前先关闭油镐油门，起镐要缓慢，两侧同时起镐时由工长（或行管人员）指挥，两侧同时起镐，起镐人员做好呼唤应答。起镐高度不得超过镐筒的 3/4，以不妨碍转动轴承为准。起镐结束后在侧架下部放置安全木，放置要稳固。装用交叉支撑装置的转向架侧架顶升高度单侧不大于 70 mm，同轴两侧不大于 100 mm。起镐过程中身体任何部位不得侵入车体与侧架之间。

6. 设置便携式滚动轴承诊断仪。缓慢转动轴承，正向、反向转动轴承，各向不得小于 360°，快、慢结合转动。转动轴承时手不得放在承载鞍与轴承外圈之间。

7. 转动时看轴承转动有无卡阻现象，听轴承转动有无异音，准确判断轴承故障。

8. 诊断完后落镐。撤除安全木，开放油镐油门时要缓慢，落镐人员控制油镐下落的速度要慢，两侧油镐要同时下落，落镐人员做好呼唤应答，做到两侧落镐速度同步。

9. 油镐落到位后检查承载鞍是否正位，转向架各部配件是否正位无脱出。车辆配件均复位后取出油镐，撤除油镐垫板。

10. 取下承载鞍卡子，安装轴承挡键。

六、故障处置

1. 对故障车辆进行拍照，主要包括现场全景、全车照片，预报故障及发现故障部位的特写照片，轴承外观、转动检查轴承以及轴承与承载鞍接触面和车轮踏面状态的照片。

2. 若列车停在区间并需扣修时，根据轴承检查情况限速运行至前方站或退行至后方站甩车（限速运行至前方站不超过 25 km/h 或退回后方站不超过 15 km/h）；若列车停在站内并需扣修时填写车统—23，需要回送时填写车统—26，并注明回送条件。

3. 经检查不需修理的或经处理可以继续运行的，向车站填发车统—33 并车统—36 同时撤回车统—23。

第七章 铁路货车常见故障修理

第一节 故障修理作业安全要求

一、使用工具作业安全要求

1. 工具不得投掷传递，不准将工具放置在机械运转、蠕动部位及其他容易坠落和不安全处所。

2. 各种锤、铲、锉、冲、斧等工具的材质硬度要适中，表面须平整，无卷边、缺损、裂纹。把柄须用硬木制作，平滑光洁，无裂纹、不松动。锤柄应装有金属防脱楔子（不得用铁钉代替），防脱状态良好。

3. 挥动锤、斧等工具作业时，必须前后左右瞭望，确认安全，禁止戴手套；不得将松动的锤头、斧头等配合紧固件墩紧使用。

4. 铲切及打下、投出物件时，不得面对铲打物，不得朝向他人。在将要铲断、打下、投出时，用力要轻缓，以免脱出伤人。

5. 使用管钳、扳手、撬棍及其他类似工具时，应卡牢、套牢、撬准，不得用脚踩蹬，用力不得过猛，并将身体避开脱出方位。

6. 各种工具必须专器专用，不得乱用替代，扳手与扳手不得连接或加套管使用。

7. 使用各种镐类、千斤顶起重时，重心要找准，底座安放平稳牢固；镐体垂直，铁与铁接触部要加防滑木（胶）垫，其行程不得超过全长的四分之三（或安全线）。非电动、气动镐起镐后必须撤出镐把。

8. 梯子应有防滑装置，伸缩梯锁固装置应良好。放置梯子时，须确认放置牢靠，梯子与地面的夹角以50°～60°为宜。使用人字梯时，应挂好安全链钩，安全链钩不得随意延长或缩短。梯子与梯子不能连接使用，不得使用不良登高工具。

9. 使用滑车、三角架、扒杆时，脚架必须捆扎或挂上安全链（钩），脚架放置应匀称，绞盘滑车应固定牢靠。电动和手拉葫芦自降时不得使用。使用滚杠时手脚不得接触滚动部位。

10. 使用手持移动电动砂轮和其他电动工具时，应选好站立位置。

二、机械设备作业安全要求

1. 操作各种机械设备，必须由经过专业培训考试合格并持有效操作证的人员进行，严禁无证操作。

2. 机械设备操作人员工作前，应按规定穿着防护服，佩戴防护眼镜，扎紧衣袖，职工的长发应挽在工作帽内。在操作机械设备中严禁戴手套，各转动部分严禁与身体和衣着接触。

3. 各种动力机械（包括电气设备）的部件、附件均应符合该设备的规格性能要求，各项参数、指标、能力均应匹配。使用动力机械设备时，应按设备的规格、能力专机专用，不准超负荷使用。

4. 机械动力设备上各种显示、监测仪表，必须保证性能和作用良好，应按规定实施检定。

5. 各种机械的传动旋转裸露部位应有安全防护装置，各种转动机械设备在开机前，要检查防护装置是否齐全良好，给油状态是否良好；使用中严禁擅自拆除。

6. 机械易于触电部位应安装防触电保护装置。

7. 机械设备运转中，严禁操作人员擅自离岗，并应密切注意设备的运行状态，要眼看、耳听、鼻闻，发现异状、异音、异味时，应立即停机检查，并通知设备修理部门检查处理。

8. 机械设备及附属配件须按规定定期检查并做好记录。

三、电气化安全要求

电气化铁路区段的列检作业，检车员须同时执行以下规定：

1. 严禁直接、间接地与接触网导线接触，严禁攀到车顶、罐顶、机械冷藏车冷冻机工作台上、装载的货物上面及棚车、敞车的人力制动机踏板台上。

2. 携带的任何物件与接触网设备的带电部分应保持 2 m 以上的距离。

3. 列检设施的安装及工具、材料、配件的堆放，必须与电气化有关设备隔开 0.5 m 以上的距离。

4. 接触网导线折断下垂搭在车辆上或其他物品与接触网接触时严禁进行处理，应保持 10 m 以上的距离，同时对现场进行防护，并及时通知车站进行相应处理。

5. 严禁在电气化线路的有关设施设备处所倚靠或坐卧。

6. 严禁在接触网区域攀爬到车辆顶部处理车辆故障。

7. 自接触网设备第一次受电开始，在未办理停电接地手续之前，所有从业人员均须按有电对待。

8. 从业人员在未确认接触网停电接地的情况下，不得到各种车辆的车顶上。在松、紧人力制动机时，身体不得高出车顶部分。

9. 处理车辆故障距接触网不足 2 m 时，必须将车辆调至无接触网的线路上或按规定停电接地后方准作业。

四、其他安全要求

1. 顶镐作业时，必须执行呼唤应答制度，严禁车上、车下有人时进行作业。在顶镐过程中应密切观察起镐状态，发现异常立即采取安全应急措施。单车顶镐架车时，应对车辆施行防溜措施。在列车队中起镐作业时，应关闭截断塞门，并排净制动系统余风。在一个起重物上同时使用多台镐时要有专人指挥，平衡起落，防止倾倒。在起重过程中，起重物尚未垫妥架稳前，操纵人员不得离开岗位，操纵人的身体不得侵入起重物的上下范围内，且避开镐可能崩出的方向。

2. 处理制动故障前，必须关闭截断或折角塞门，并排尽制动系统余风。检修车辆及试验制动功能时，身体应避开制动装置移动部位。调整活塞行程时，严禁手摸杠杆销孔。拆卸制动缸盖螺母时，要先装好安全套销，身体要避开制动缸盖可能脱出方向。更换折角塞门时，要关闭本车另一端及邻车的折角塞门。更换闸瓦时，不得将手伸入闸瓦与车轮踏面之间。

3. 拆装笨重配件时，应按作业程序使用拆装工具(设备)，严禁配件直接落地。对具有预压力的部件，身体各部应避开部件可能崩出方向。

4. 在线路上停放车辆、轮对时，应采取防溜措施。撬动车辆时，要首先掌握线路坡度和有无人员及障碍物，并随时采取制动措施，以防溜车伤人。

5. 在带有地沟线路上进行检修作业时须确认地沟盖板状态，禁止脚踏地沟边缘。盖板、地沟边缘的油垢必须及时清除。作业地面结冰、存有油垢处要采取防滑措施。

第二节　故障修理作业标准

一、材料配件管理要求

1. 货车运用作业场使用和储备的材料配件须符合段修标准(闸瓦除外)，应按照规定进行储存管理，安装使用前须外观检查，破损、标记不清、使用寿命到期或储存时间过期时不得装车使用。

2. 货车运用作业场储备的材料配件不得露天存放，有防尘要求的管接头、制动阀、制动软管等空气制动配件，须装外套(盖)式或外包式、平罩型防护件进行密封防护，不得使用通道内嵌式防护件。所有材料配件须上架、入箱存放，配件储存期管理如下：

(1)各型橡胶密封件自制造完成之日起至使用前的储存期不得超过6个月。

(2)空气制动阀检修完成后，储存期不得超过3个月。

(3)编织制动软管总成、塞门、组合式集尘器检修完成后，储存期不得超过6个月。

(4)闸瓦自制造完成之日起至装车使用的储存期不得超过18个月。

(5)钩舌自检修完成后，储存期不得超过24个月。

3. 经分解更换、补装的铁路货车配件须满足相应的质量标准，质量保证至现车相应修程。实行寿命管理的配件，当剩余寿命不足现车相应修程时，经检查确认质量状态良好者，可装车使用，并承担超过使用寿命期的责任。

二、货车故障修理标准

1. 圆销、螺栓或拉杆、杠杆上组装的圆开口销须为新品，双向劈开角度不小于60°；钩尾销螺栓、钩尾销安全吊架螺栓、钩托梁螺栓、人力制动轴上下端及制动轴链羊眼螺栓的圆开口销和下拉杆、中拉杆等扁开口销安装后须劈开卷起。

2. 扁孔圆销长度允许在上下两个规格范围内调整，组装后扁孔圆销的窜动量2～10 mm。

3. 斜向或竖向安装的圆销应由上向下装入，横向安装的圆销应以车体纵向中心线为准，由里(左)向外(右)装入(无安装空间者及有特殊要求的除外)；车轮附近的直立式杠杆圆销，由车轮侧由外向里装入；横向安装的圆销应在开口销与被连接件之间装平垫圈。

4. 各阀和风缸吊架安装螺栓应由上向下装入(无安装空间者除外)，在长圆孔侧加平垫圈；制动阀防盗罩螺栓须紧固。各螺栓组装紧固后，螺杆上的螺纹须露出螺母1扣以上，但不能超过1个螺母厚度(U形管吊卡和风缸吊卡除外)。使用4个螺栓连接紧固的配件，须对角进行紧固;处理螺母丢失的故障时,填补基本母紧固后须加装备母(防松螺母及有弹簧垫圈者除外)。

5. 处理制动管故障时,管系螺纹处须使用聚四氟乙烯薄膜缠绕或涂抹黑铅粉油,缠绕不得超过螺纹端部,连接处紧固后须外露 1 扣以上的完整螺纹,旋入部分不得少于 4 扣;主管端接管(辅助管)长度为 250～400 mm;分解管系时,橡胶密封件须更换新品,橡胶密封圈须使用 E 形密封圈。

6. 橡胶密封圈、接头体、法兰体组装时,螺栓应均匀紧固,不得发生漏泄。

7. 更换折角塞门手把时,折角塞门体中心线与主管垂直中心夹角为 30°;更换制动软管时,软管连接器连接平面与车体中心夹角为 45°;有特殊要求的除外。

8. 更换远心集尘器或组合式集尘器时,集尘器体的安装箭头方向须符合安装要求;更换的集尘器下体在组装时胶垫正位,密封线须向上,止尘伞位置正确,螺栓均匀紧固。更换的制动阀在组装时安装座胶垫须正位,螺栓须均匀紧固。

9. 更换闸瓦时,须使用有生产资质厂家的良好闸瓦,且闸瓦型号及生产厂家代码标记清晰,禁止高、低摩合成闸瓦互换安装使用。闸瓦插销穿入闸瓦托与瓦背的插销孔内正位入底,闸瓦插销下部环孔需露出,并须安装闸瓦插销环。

10. 更换钩舌及钩腔内部配件时,须使用符合要求的配件,钩舌尾部及钩锁的工作面须涂抹二硫化钼耐磨剂。

11. 更换和补装空重车自动调整装置横跨梁螺栓时,须使用标准专用螺母,并安装圆开口销;安装后,螺栓垂向移动量不小于 3～5 mm,开口销须插入螺母的槽口,双向劈开,调整垫圈数量不超过 3 个。

12. 更换折角塞门、直端塞门、截断塞门、制动阀、制动软管等空气制动配件时,装车前须取下各通路防护件包装、密封防护物,并确认无异物进入通道。

13. 新安装配件不得与邻近的零部件、管系发生干涉。

14. 装用交叉支撑装置的转向架需要进行滚动轴承转动检查时,侧架顶升高度单侧不得超过 70 mm,同轴两侧均不得超过 100 mm。

15. 处理空气制动故障后,须进行持续一定时间的全部试验。

16. 其他故障处理执行《铁路货车站修规程》临修标准。

第三节　常见故障修理方法

一、更换枕簧

1. 作业要点。作业须由两名人员(1 号、2 号)共同负责,工长负责安全事宜,并对处理质量进行检查确认。领取枕簧时确认枕簧型号正确。油镐技术状态良好,镐头防滑垫无破损;安放油镐时要选取平整位置,镐底加装垫板;起镐前确认液压泵开关锁紧;油镐顶升高度不得超过镐身安全线或四分之三;落镐时须缓慢松开液压阀开关,避免油镐快速回落。

2. 作业准备。作业人员领取更换枕簧专修工具及同型号新品枕簧等工具材料,作业前确认车列两端插设安全防护。

3. 安放油镐。1号人员关闭截断塞门，拉缓解阀拉杆排出副风缸余风，并在同一车辆非故障枕簧所在转向架两车轮远离枕簧侧的踏面下安设掩木。2号人员在故障枕簧所在侧架外侧地面上设置油镐垫，将油镐放置在油镐垫上，油镐顶部加防滑垫，位置对应在摇枕下部；油镐设置平稳，不得倾斜，如图7-3-1、图7-3-2所示。

图7-3-1　油镐样式

图7-3-2　安设油镐

4. 更换枕簧

(1)60 t、70 t级系列货车转向架枕簧更换

1号人员手扶油镐，2号人员关闭油镐开关，缓慢压动手把，确认顶镐无偏斜。油镐受力后1号人员手离开油镐，当摇枕上平面与侧架导框上玄梁接触后，使用卡子将摇枕与侧架固定，并将卡子螺栓紧固，如图7-3-3所示。2号人员使用枕簧叉取出故障枕簧，将良好枕簧送入相应枕簧定位脐及定位挡边内，如图7-3-4所示，严禁用手直接取出或安装枕簧；枕簧内外圈旋向须相反。

图7-3-3　安装卡具

图7-3-4　取出枕簧

(2)DZ系列转向架卡具的使用

①DZ系列转向架更换枕簧，使用组合式承载鞍卡具，如图7-3-5所示。

②DZ1型转向架：主卡铁安装在承载鞍外端内侧使用，配合卡铁安装在承载鞍内端外侧使用，如图7-3-6所示。

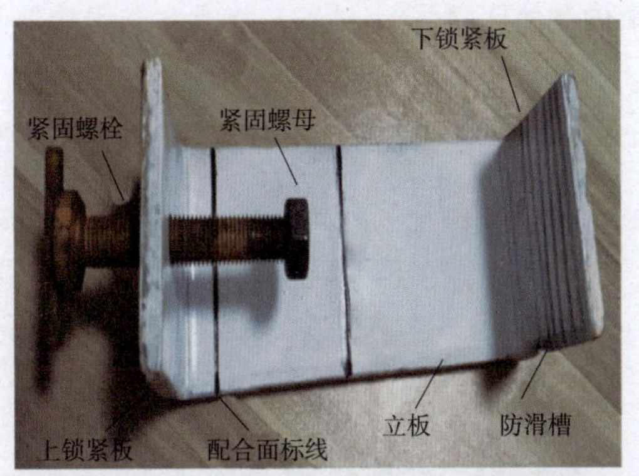

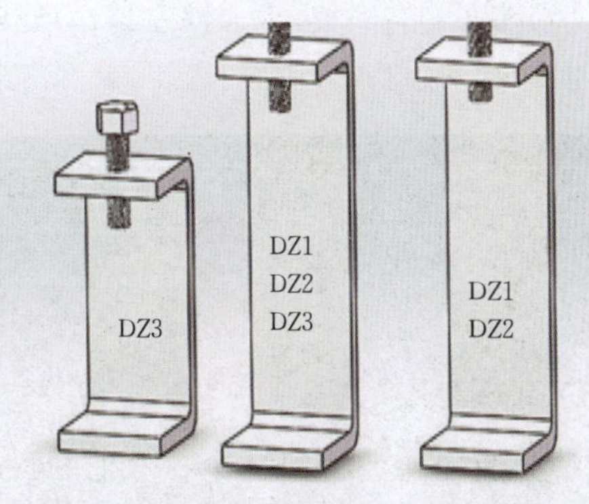

图 7-3-5　DZ 系列转向架组合式承载鞍卡具

图 7-3-6　DZ1 型转向架运用承载鞍卡具安装

③DZ2 型转向架：主卡铁安装在承载鞍外端中间使用，配合卡铁安装在承载鞍内端中间使用，如图 7-3-7 所示。

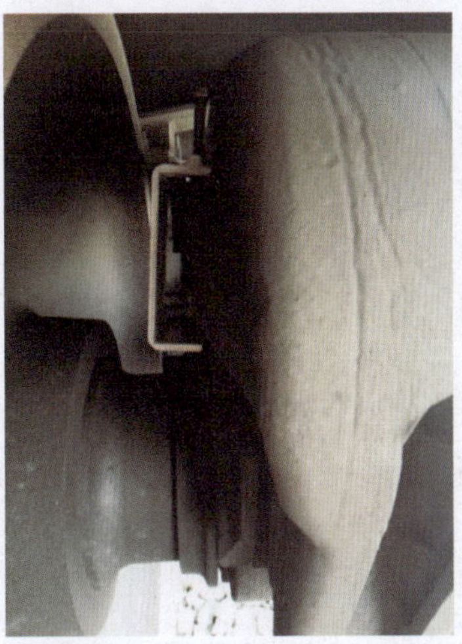

图 7-3-7　DZ2 型转向架运用承载鞍卡具安装

④DZ3 型转向架：主卡铁安装在承载鞍外端内侧使用，配合卡铁安装在承载鞍内端外侧使用，如图 7-3-8 所示。

图 7-3-8　DZ3 型转向架运用承载鞍卡具安装

5. 撤除油镐。1 号人员松开卡子螺栓，将卡子取下。2 号人员缓慢开启油镐开关，使油镐缓慢落下，撤除油镐及镐垫。1 号人员撤除车轮下掩木，开启截断塞门手把。

6. 质量检查。工长复查处理质量，目视检查枕簧型号及枕簧无窜位。

7. 信息记录。将作业车种车型车号、定检标记、故障名称、位数、处理方式等情况记录在车统—15A 上；记录填写符合规定，字迹清晰。

二、滚动轴承起轴转动检查

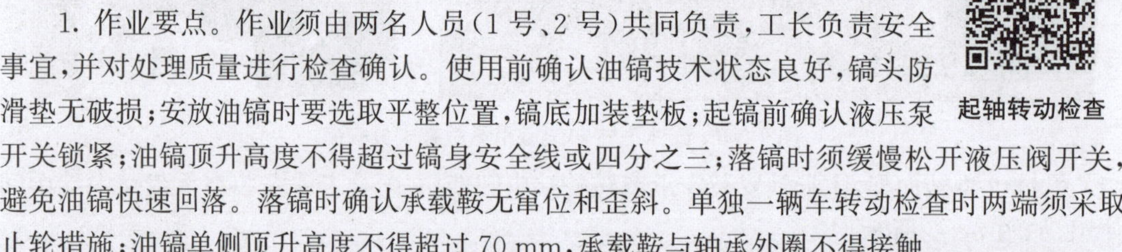

起轴转动检查

1. 作业要点。作业须由两名人员（1 号、2 号）共同负责，工长负责安全事宜，并对处理质量进行检查确认。使用前确认油镐技术状态良好，镐头防滑垫无破损；安放油镐时要选取平整位置，镐底加装垫板；起镐前确认液压泵开关锁紧；油镐顶升高度不得超过镐身安全线或四分之三；落镐时须缓慢松开液压阀开关，避免油镐快速回落。落镐时确认承载鞍无窜位和歪斜。单独一辆车转动检查时两端须采取止轮措施；油镐单侧顶升高度不得超过 70 mm，承载鞍与轴承外圈不得接触。

2. 作业准备。作业人员领取起轴转动检查工具；作业前确认车列两端插设安全防护。

3. 卸下轴承挡键。2 号人员关闭截断塞门，排净副风缸余风，在故障轴承所在车轮两侧下部打好掩木，将轴承挡键开口销卸下；用活口扳手将挡键螺母卸下，卸下螺栓，取下轴承挡键，如图 7-3-9 所示。

4. 安装承载鞍卡具。2 号人员安装承载鞍卡具。卡具安装在侧架导框上方，卡具下部固定承载鞍并紧固螺栓，将卡具固定好，防止起镐时承载鞍脱落和偏移，如图 7-3-10 所示。

5. 安放油镐。1 号人员安放油镐垫，将油镐放置在镐垫上，在油镐顶部加防滑垫，镐顶对应侧架导框外侧端部下平面，油镐滚子位于轴承外圈下部。严禁用 15 t 以下油镐起重车，镐顶镐座不得与钢铁直接接触，不得斜顶和顶在有滑崩可能的地方。

6. 顶升侧架。1 号人员锁紧油镐开关，缓慢压动油镐手柄，使承载鞍与轴承外圈不再接触、油镐滚子与轴承外圈接触后停止压动。装用交叉支撑装置的转向架，侧架顶升高度单侧不得超过 70 mm。

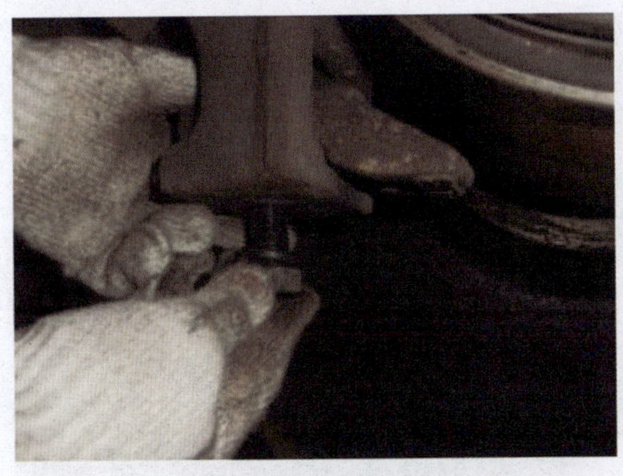

图 7-3-9 取下轴承挡键

图 7-3-10 安装卡具

7. 转动轴承鉴定。使用滚动轴承诊断仪检查:清洁轴承前盖一条螺栓表面,将耦合剂涂抹在上面。将传感器吸附在轴承前盖的螺栓上,需与螺栓密贴,如图 7-3-11 所示,打开滚动轴承故障诊断仪电源开关,输入该滚动轴承标志板等相关信息。打开控制器开关,电动转轮器顺时针、逆时针转动 90 s。如蜂鸣器报警,则判断滚动轴承故障。打印诊断结果,如图 7-3-12 所示。

图 7-3-11 安装滚动轴承诊断仪

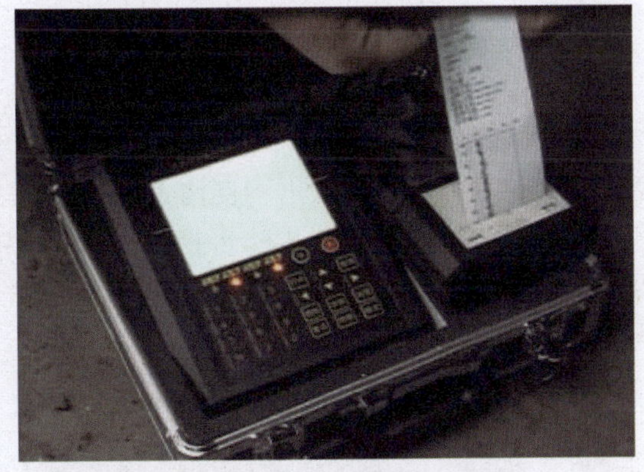

图 7-3-12 打印诊断结果

8. 撤除油镐。1 号人员缓慢开启油镐开关,控制油镐缓慢下落,滚动轴承外圈完全进入承载鞍卡槽内;油镐落到位后检查承载鞍是否正位,转向架各配件是否正位、无脱出;撤出油镐及油镐垫。2 号人员撤除承载鞍卡具。

9. 安装轴承挡键。2 号人员将挡键安放在侧架挡键座上,由上至下穿入螺栓并加入弹簧垫圈、螺母进行紧固,插入开口销并盘紧螺栓,使用塞尺测量挡键与轴承外圈间隙(间隙限度:转 K2 型、转 K4 型转向架不小于 2 mm;转 K5 型、转 K6 型转向架 3~7 mm),如图 7-3-13、图 7-3-14 所示。2 号人员撤除车轮下掩木,开通截断塞门。

10. 质量检查。工长复查处理质量,目视承载鞍正位,轴承挡键与轴承间隙符合规定。工长根据轴承转动检查结果对故障进行正确处置。

11. 台账记录。将作业的车种车型车号、定检标记、故障名称、实际位数、处理方式等情况记录在车统—15A 上;记录填写符合规定,字迹清晰。

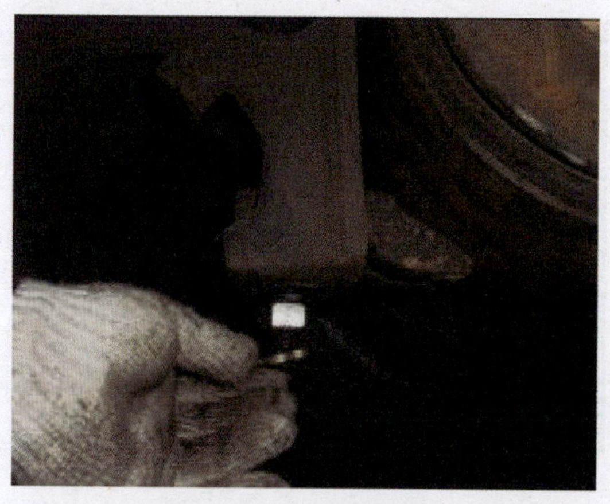

图 7-3-13　安装轴承挡键

图 7-3-14　测量间隙

三、更换补装钩舌圆销

1. 作业要点。该作业由现场人员自检自修完成，有同对作业人员时，对处理质量进行检查确认。卸除钩舌销时应使钩舌处于闭锁位，防止钩舌开锁情况下脱落，卸除开口销时用力要适当，避免作业中扭伤，补装钩舌销时要挑选合格同型号钩舌销，安装钩舌销开口销劈开角度 60°～70°。

2. 作业准备。作业人员领取相同型号钩舌圆销和开口销进行更换作业。作业前确认车列两端插设安全防护。

3. 卸除钩舌销。取出不良钩舌销，如图 7-3-15 所示。

4. 安装钩舌销。安装钩舌销，插入开口销后使用钩引将开口销双向劈开不小于 60°。作业中严禁用手指探摸钩舌销孔，如图 7-3-16 所示。

图 7-3-15　取出不良钩舌销

图 7-3-16　插入开口销

5. 质量检查。检查确认处理质量，钩舌销型号及开口销开劈符合规定。

6. 台账记录。将更换钩舌销的车种车型车号、位数、处理方式记录在车统—15A 上；记录填写符合要求，字迹清晰。

四、更换车钩托梁

1. 作业要点。作业须由两名人员(1 号、2 号)共同负责,工长负责安全事宜,并对处理质量进行检查确认。

2. 作业准备。作业人员领取顶镐等相关工具及同型新品车钩托梁。作业前确认车列两端插设安全防护。

3. 安装顶镐。1 号人员将顶镐两部分连接在一起并固定,如图 7-3-17 所示。将顶镐设置在冲击座与钩肩之间的钩身下部中心位置,顶镐座坐实平稳,镐顶接头上部加装防滑垫,转动手柄起镐,使车钩离开车钩托梁,并将安全挡旋下,如图 7-3-18 所示。

图 7-3-17 安装顶镐

图 7-3-18 设置顶镐

4. 更换车钩托梁。2 号人员取下车钩托梁螺栓开口销,卸下车钩托梁螺母、螺栓,双手托住车钩托梁下平面,取出车钩托梁。2 号人员安装新品车钩托梁(须与原车钩托梁安装状态一致),插入两端螺栓,安装弹簧垫圈并拧紧螺母,插入开口销,开口销双向劈开角度不小于 60°。1 号人员将安全挡旋起,并转动手柄将车钩缓慢落下,撤除顶镐。

5. 质量检查。工长复查处理质量,钩托梁螺栓螺母及开口销安装良好,目视车钩钩身上部距冲击座间距不小于 10 mm。

6. 台账记录。将作业车种车型车号、定检标记、故障名称、位数、处理方式等情况记录在车统—15A 上;记录填写符合规定,字迹清晰。

五、分解、组装 17 型车钩配件

分解、组装 17 型车钩配件

1. 作业要点。作业由 1 名人员负责,工长负责安全事宜,并对处理质量进行检查确认。处理连挂车辆车钩故障时须通知车站拉开,留出作业空间距离不小于 10 m,并做好车辆防溜工作。对于拉开的车列须在首尾两端重新插设安全防护。卸除钩舌销前应使钩舌处于闭锁位,组装车钩配件时要挑选同型号车钩配件,安装钩舌销开口销劈开角度符合规定,组装完毕后要进行车钩三态作用试验。

2. 作业准备。作业人员领取 17 型车钩检测量具,小撬棍、手锤等相关工具及同型号车钩推铁,作业前确认车列两端插设安全防护。

3. 分解车钩配件。拔出 17 型车钩防跳插销，使车钩处于闭锁位，用手锤和小撬棍卸除钩舌销开口销，取下钩舌销放置到钢轨外侧，如图 7-3-19、图 7-3-20 所示。

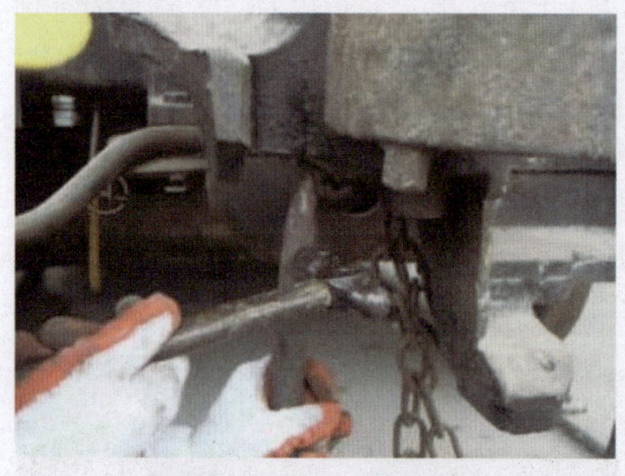

图 7-3-19 拔出防跳插销

图 7-3-20 取下钩舌圆销

4. 提动钩提杆使车钩处于开锁位置。提动钩提杆时用另一只手扶住钩舌，脚不得放在钩舌下方，防止钩舌脱落伤人。双手搬下钩舌，先后取下钩锁铁、钩舌推铁、下锁销组成和下锁销转轴。钩舌不得自由落地，钩腔配件要轻拿轻放，卸下配件时严禁抛扔，如图 7-3-21、图 7-3-22 所示。

图 7-3-21 搬下钩舌

图 7-3-22 取出钩腔配件

5. 组装车钩配件。使用钢刷清扫钩腔内壁及各部配件；检查上下钩耳、钩腔内壁、套头、套口及各分解后的配件是否良好；使用毛刷在钩舌尾部及钩锁的工作面涂抹二硫化钼耐磨剂。

6. 测量确认车钩及配件尺寸限度，按临修标准掌握，对不合格配件进行更换（以更换钩舌推铁为例）。

7. 选取新车钩配件，依次安装良好的下锁销转轴、下锁销组成、钩舌推铁、钩锁铁、钩舌、钩舌圆销、开口销。安装钩锁铁时要正确连接钩锁铁与下锁销组成，如图 7-3-23、图 7-3-24 所示。

8. 装入钩舌并使用钩舌处于闭锁位，插入钩舌销，安装钩舌销开口销，开口销双向劈开角度不小于 60°，如图 7-3-25 至图 7-3-28 所示。

图 7-3-23 安装钩舌推铁

图 7-3-24 安装钩锁铁

图 7-3-25 安装钩舌

图 7-3-26 安装钩舌圆销

图 7-3-27 安装开口销

图 7-3-28 开口销角度

9. 试验确认车钩三态作用良好，车钩三态作用试验同时，使用车钩样板检测车钩闭锁、全开位尺寸限度符合临修标准。车钩三态作用试验完毕后将钩舌推回，使钩锁落下，钩舌处于闭锁位置，插设车钩防跳插销。

10. 质量检查。工长复查处理质量，开口销安装良好、车钩三态作用良好。

11. 台账记录。将作业车种车型车号、定检标记、故障名称、位数、处理方式等情况记录在车统—15A 上；记录填写符合规定，字迹清晰。

六、分解、组装 13A(B)型车钩配件

分解、组装 13A(B)型车钩配件

1. 作业要点。作业由 1 名人员负责，处理连挂车辆车钩故障时须通知车站拉开，留出作业空间距离不小于 10 m，并做好车辆防溜工作；对于拉开的车列须在首尾两端重新插设安全防护。卸除钩舌销前应使钩舌处于闭锁位，组装车钩配件时要挑选同型号车钩配件，安装钩舌销开口销劈开角度符合规定，组装完毕后要进行车钩三态作用试验。

2. 作业准备。作业人员领取 13A(B)型车钩检测量具，小撬棍、手锤等相关工具及同型号车钩推铁，作业前确认车列两端插设安全防护。

3. 分解车钩配件。使车钩处于闭锁位，提开车钩，用手锤和小撬棍卸除钩舌销开口销，取下钩舌销放置到钢轨外侧，如图 7-3-29、图 7-3-30 所示。双手搬下钩舌，分解钩锁铁及锁销，取出钩锁铁和钩舌推铁，卸下配件时严禁抛扔，如图 7-3-31、图 7-3-32 所示。使用钢刷清扫钩腔内壁及各部配件；检查上下钩耳、钩腔内壁、套头、套口及各分解后的配件是否良好；使用毛刷在钩舌尾部及钩锁的工作面涂抹二硫化钼耐磨剂。测量确认车钩及配件尺寸限度，按临修标准掌握，对不合格配件进行更换(以更换钩舌推铁为例)。

图 7-3-29　取出开口销

图 7-3-30　取出钩舌圆销

图 7-3-31　取下钩舌

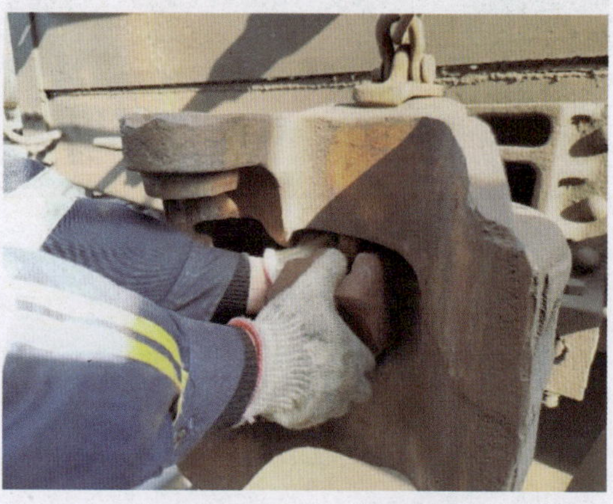
图 7-3-32　取出钩腔配件

4. 组装车钩配件。依次装入良好的钩舌推铁及锁铁，正确连接锁铁与锁销，如图 7-3-33、图 7-3-34 所示。装入钩舌，插设钩舌销，安装钩舌销开口销，开口销双向劈开角度不小于 60°，如图 7-3-35、图 7-3-36 所示。

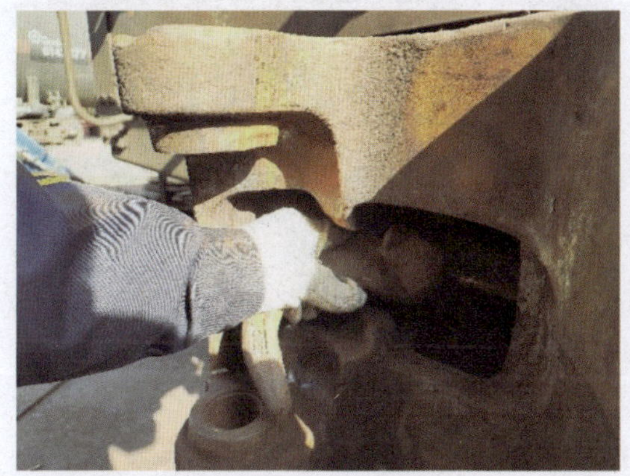

图 7-3-33 安装钩舌推铁

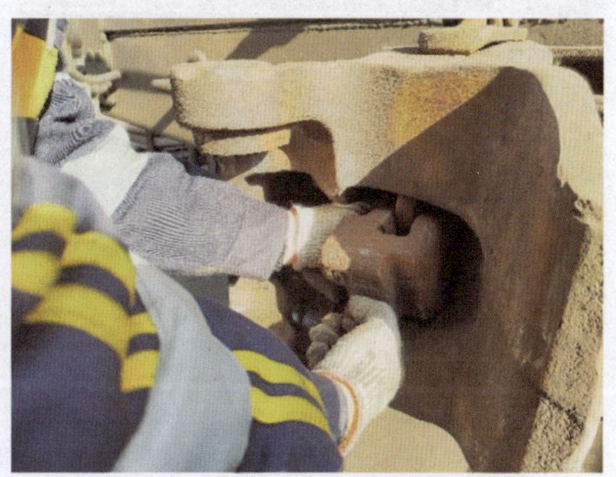

图 7-3-34 安装锁铁

图 7-3-35 安装钩舌

图 7-3-36 安装开口销

5. 试验车钩三态作用良好。如图 7-3-37 所示，车钩三态作用试验同时，使用车钩样板检测车钩闭锁、全开位尺寸限度符合临修标准。车钩三态作用试验完毕后将钩舌推回，使钩锁落下，钩舌处于闭锁位置。

6. 质量检查。工长复查处理质量，开口销安装良好、车钩三态作用良好。

7. 台账记录。将作业车种车型车号、定检标记、故障名称、位数、处理方式等情况记录在车统—15A 上；记录填写符合规定，字迹清晰。

七、调整 17 型车钩互钩差

调整 17 型车钩互钩差

1. 作业要点。作业须由两名人员（1 号、2 号）共同负责，工长负责安全事宜，并对处理质量进行检查确认。车钩高度调整后须符合规定（车钩中心线高度：最高≤890 mm，空车最低≥835 mm，重车最低≥815 mm）。调整车钩互钩差，顶镐时要选取平整位置，防止歪斜；更换车钩垫板时严禁将手伸入钩身与托梁间。

(a)

(b)

图 7-3-37 三态试验

2. 故障判断。发现车钩互钩差超限时，根据具体情况进行判断和处理。

17 型车钩支撑弹簧压死故障：检查发现 13A(B)型与 17 型车钩连接互钩差超限情况，如果是由于 17 型车钩支撑座弹簧压死未复位、钩头下垂时造成，需用液压油镐(或撬棍)对钩体支撑座(或钩体支撑座上支撑弹簧检查孔)进行顶升复位(或撬动复位)处理，如图 7-3-38、图 7-3-39 所示。

图 7-3-38 设置顶镐

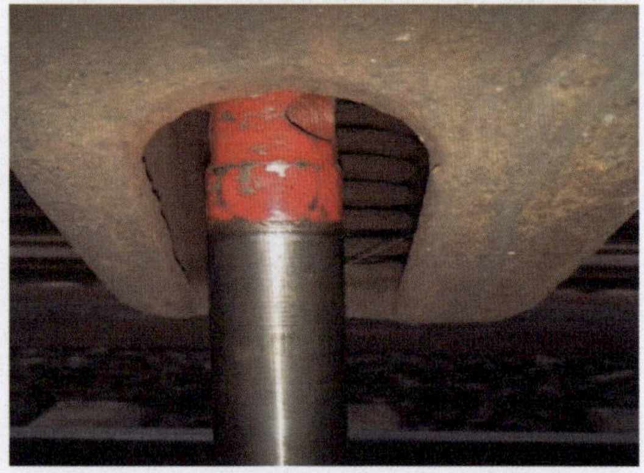

图 7-3-39 顶升部位

调整 17 型车钩高度(尼龙垫板)：如 17 型车钩支撑座为尼龙垫板时，更换不同厚度车钩支撑座尼龙垫板进行车钩高度调整，如图 7-3-40 所示。

调整 17 型车钩高度(钢制垫板)：如 17 型车钩支撑座为钢制垫板时，需扣入站修处理，如图 7-3-41 所示。

3. 作业准备。发现或接到故障处理通知后，作业人员领取顶镐、车钩高度检查尺及同型新品垫板等材料配件。作业前确认车列两端插设安全防护。

4. 测量车钩高度。1 号人员使用车钩高度尺测量车钩高度，根据现车高度计算加装或撤除尼龙垫板厚度。

5. 安装顶镐。1 号人员将顶镐两部分连接在一起并固定，如图 7-3-42 所示。

6. 将顶镐设置在车钩下方平面位置处，顶镐不得斜顶，顶镐座要坐实平稳，镐顶接头上部须加装防滑垫。1 号人员转动手柄起镐，使车钩离开车钩托梁，并将安全挡旋下，如图 7-3-43 所示。

图 7-3-40　更换尼龙垫板

图 7-3-41　钢制垫板

图 7-3-42　安装顶镐

图 7-3-43　设置顶镐

7. 更换车钩支撑座尼龙垫板。2 号人员在车钩达到所需高度后，更换不同厚度的车钩支撑座尼龙垫板调整车钩高度。作业过程中严禁将手伸入钩身与托梁间。

8. 撤除工具。1 号人员撤除顶镐及防滑垫，并测量车钩高度及互钩差符合规定。

9. 质量检查。工长复查处理质量，检查互钩差不大于 75 mm，目视车钩钩身上部距冲击座间距不小于 10 mm。

10. 台账记录。将作业车种车型车号、定检标记、故障名称、位数、处理方式等情况记录在车统—15A 上；记录填写符合规定，字迹清晰。

八、调整 13A(B)型车钩互钩差

调整 13A(B)型车钩互钩差

1. 作业要点。作业须由两名人员（1 号、2 号）共同负责，工长负责安全事宜，并对处理质量进行检查确认。车钩高度调整后须符合规定（车钩中心线高度：最高≤890 mm，空车最低≥835 mm，重车最低≥815 mm）。调整车钩互钩差，顶镐时要选取平整位置，防止歪斜；更换车钩垫板时严禁将手伸入钩身与托梁间。

2. 作业准备。发现或接到故障处理通知后，作业人员领取顶镐、车钩高度检查尺及同型新品垫板等材料配件，作业前确认车列两端插设安全防护。

3. 测量车钩高度。1号人员使用车钩高度检查尺测量车钩高度，根据现车高度计算加装或撤除车钩托梁垫板厚度。

4. 安装工具。1号人员将顶镐两部分连接在一起并固定。将顶镐设置在冲击座与钩肩之间的钩身下部中心位置，顶镐座要坐实平稳，镐顶接头上部须加装防滑垫。转动手柄起镐，使车钩离开车钩托梁，并将安全挡旋下。

5. 更换车钩托梁垫板。2号人员待车钩达到所需高度后，更换不同厚度的车钩托梁垫板调整车钩高度，其车钩托梁垫板(磨耗板)立边高度不小于50 mm；作业中严禁将手伸入钩身与托梁间。

6. 撤除工具。1号人员撤除顶镐及防滑垫，并测量车钩高度符合规定。

7. 质量检查。工长复查处理质量，检查互钩差不大于75 mm，目视车钩钩身上部距冲击座间距不小于10 mm。

8. 台账记录。将作业车种车型车号、定检标记、故障名称、位数、处理方式等情况记录在车统—15A上；记录填写符合规定，字迹清晰。

九、更换补装防跳插销

1. 作业要点。该作业由1名人员自检自修完成，平行作业时同对人员进行检查确认。安装前确认新品防跳插销组成质量标准符合规定，安装完毕后确认更换后的防跳插销组成作用良好。

2. 作业准备。发现或接到故障处置通知后，作业人员领取新品防跳插销。作业前确认车列两端插设安全防护。

3. 卸除不良防跳插销。取下作用不良的防跳插销。防跳插销丢失的无该程序步骤，如图7-3-44所示。

4. 安装新品防跳插销。将良好防跳插销吊链挂钩挂于车钩下部的吊耳上，用检查锤将防跳插销吊链挂钩开口闭合，确认安装后的防跳插销作用良好，将防跳插销插设在下锁销上的防跳插销孔中，如图7-3-45所示。

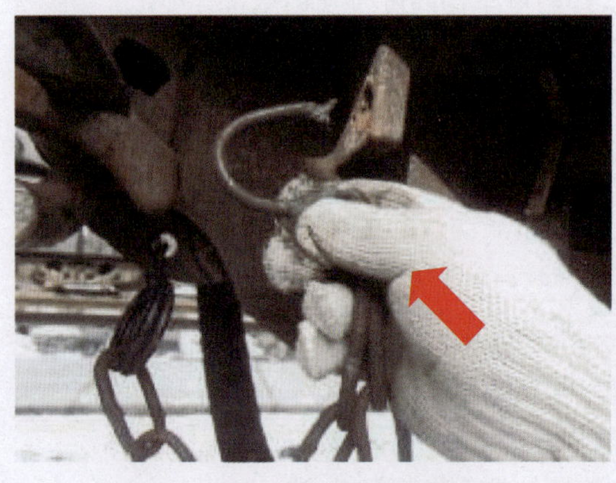

图7-3-44　取下不良防跳插销

图7-3-45　安装良好防跳插销

5. 质量检查。对处理质量进行检查，确认防跳插销插设良好。

6. 台账记录。将作业车种车型车号、定检标记、故障名称、位数、处理方式等情况记录在车统—15A上；记录填写符合规定，字迹清晰。

十、更换制动软管总成

更换制动软管总成

1. 作业要点。该作业由1名人员负责完成，工长负责安全事宜，并对处理质量进行检查确认。安装制动软管时取下防尘堵，确认无异物进入通道，连接器垫圈不得反装，检修标记须清晰且不过期。

2. 作业准备。发现或接到故障处置通知后，作业人员领取450 mm管钳及同型新品制动软管等材料工具，作业前确认车列两端插设安全防护。

3. 关闭折角塞门及摘解软管连接器。关闭本车两端折角塞门和与故障软管相连端另一车辆的折角塞门，摘解制动软管吊链，缓慢摘开故障软管连接器，如图7-3-46所示。

4. 卸下故障制动软管。用管钳卡紧制动软管总成螺纹接头，逆时针方向卸下故障制动软管总成，如图7-3-47所示。

图7-3-46 关闭折角塞门

图7-3-47 卸下制动软管

5. 安装良好制动软管。摘下良好制动软管两端防尘堵，并检查制动软管内无异物。安装制动软管连接器垫圈(不得反装)，在制动软管螺纹处顺时针方向缠绕聚四氟乙烯薄膜3～5圈，不得超过螺纹端部。将制动软管顺时针方向安装到折角塞门孔内，用管钳进行紧固后须外露1扣以上的完整螺纹，旋入部分不得少于4扣，安装后制动软管不得回转，制动软管连接器平面与车体中心夹角为45°，如图7-3-48至图7-3-51所示。

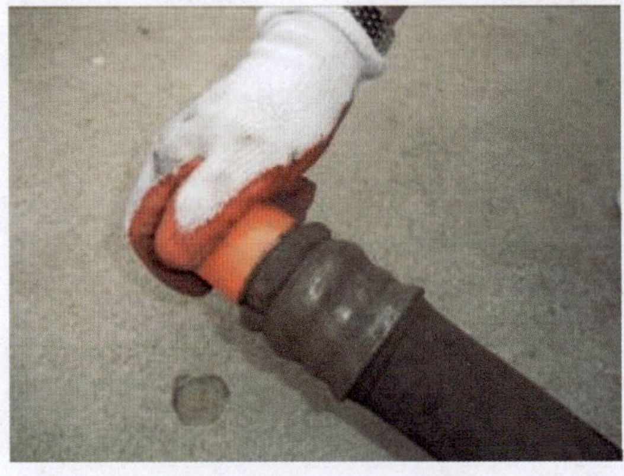

图7-3-48 取下防尘罩

图7-3-49 检查无异物

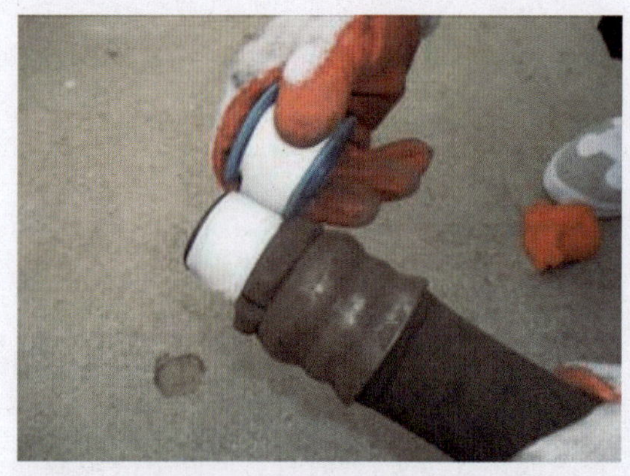

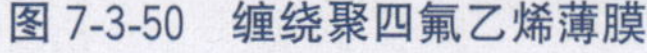

图 7-3-50 缠绕聚四氟乙烯薄膜

图 7-3-51 安装制动软管

6. 状态检查。检查确认制动软管连接器连接平面与车体中心夹角须为 45°，安装紧固；连接软管连接器（70 t 级制动软管须安装制动软管吊链），先缓慢开启风源侧折角塞门，再开启另外已关闭的折角塞门，确认连接器无漏泄。

7. 对车辆进行持续一定时间全部试验，确认试验结果良好。

8. 质量检查。工长复查处理质量，制动软管紧固无漏泄、安装正位；待全部作业完毕后组织撤除安全防护。

9. 台账记录。将作业车种车型车号、定检标记、故障名称、位数、处理方式等情况记录在车统—15A 上；记录填写符合规定，字迹清晰。

十一、更换 120 型空气制动阀主阀、紧急阀

更换 120 型空气制动阀主阀

1. 作业要点。作业须由 1 名或 2 名人员共同负责（以下以 1 人作业为例），工长负责安全事宜，并对处理质量进行检查确认。使用专修工具时，严格按规定进行组装；选配与制动缸直径相符合的主阀；主阀排风装置需安装牢固；主阀橡胶垫必须安装正位，无密封线一侧朝里；主阀螺母须采用对角紧固；缓解阀拉杆开口销角度 60°～70°。

2. 作业准备。发现或接到故障处置通知后，作业人员领取工具材料，主要包括：切割专修工具和扳手，与现车制动缸配套的 120 型主阀、安装座胶垫、滤尘网及 8 mm×80 mm、3 mm×50 mm 开口销。作业前确认车列两端插设安全防护。

3. 组装切割工具。组装风动切割机，将切片安装在风动切割机上并紧固螺母。切片破损或裂纹时必须更换新品，如图 7-3-52 所示。

更换 120 型空气制动阀紧急阀

4. 先关闭故障车辆风源侧连接处的两端折角塞门，再摘解车辆制动软管，将风动切割机连接管与风源侧车辆制动软管连接器相连结，缓慢开启车辆折角塞门，确认接头处无漏风。检车员通知作业组前部组长对列车进行充风，并按下风动切割机手把上的开关试验转速正常。

5. 关门排风。关闭故障车辆截断塞门，用手持续拉动缓解阀拉杆直至主阀排风口无排风声音（或使用排风卡具排风）；如手拉缓解阀拉杆 1 min 以上主阀排风口仍有排风声音时，应将该车另一端折角塞门关闭后，继续进行排风作业。

6. 卸除防盗罩。全封闭式防盗罩须卸下缓解阀拉杆开口销，使用风动切割机切除防盗罩螺栓，移开或卸下防盗罩，如图 7-3-53、图 7-3-54 所示。

图 7-3-52 组装风动切割机

图 7-3-53 切除防盗罩螺栓

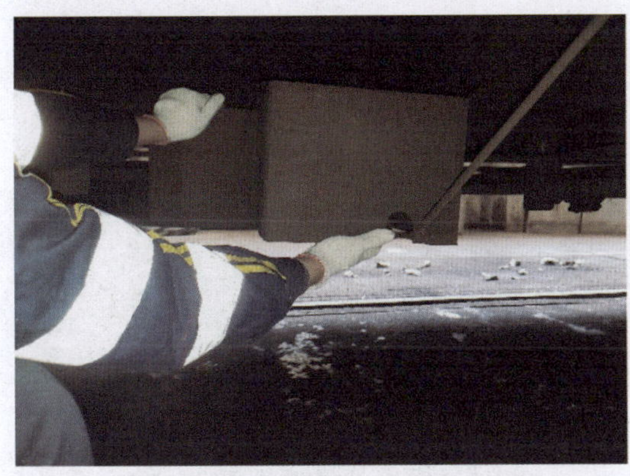

图 7-3-54 卸下防盗罩

7. 关闭风源侧的折角塞门，摘下风动切割机软管，连结制动软管，并将风动切割机收回装箱。

8. 卸下主阀、紧急阀。卸下缓解阀拉杆，卸下排风部，卸下主阀安装座螺母，取下主阀轻放于地面(主阀安装面不得与地面接触)，如图 7-3-55 至图 7-3-58 所示。

图 7-3-55 卸下缓解阀拉杆

图 7-3-56 卸下主阀安装座螺母

图 7-3-57　取下橡胶垫

图 7-3-58　取下滤尘网

9. 卸下紧急阀安装座螺母，取下紧急阀轻放于地面（紧急阀安装面不得与地面接触），如图 7-3-59、图 7-3-60 所示。

图 7-3-59　卸下紧急阀安装座螺母

图 7-3-60　取下紧急阀

10. 配件检查。取下主阀橡胶垫，检查确认定检不过期、状态良好，不良时须更换；取出中间体滤尘网，检查确认中间体安装座面，有附着物时须清除；检查滤尘杯（网），不良时须更换；安装滤尘网、主阀橡胶垫。主阀橡胶垫须正位，密封线一侧朝外。取下紧急阀橡胶垫，检查确认定检不过期、状态良好，不良时须更换；检查确认中间体安装座面良好，有附着物时须清除；安装紧急阀橡胶垫。紧急阀橡胶垫须正位，密封线一侧朝外。取下新主阀和紧急阀外套（盖）式包装及密封防护物，并确认无异物进入通道；确认主阀与制动缸直径配套（原设计装用 120-1 型控制阀的铁路货车不得更换为 120 型控制阀；356 mm 制动缸须与配 356 mm 制动缸的 120 型控制阀配套使用，254 mm 和 305 mm 制动缸须与配 254 mm 制动缸的 120 型或 120-1 型控制阀配套使用）；取下并检查原紧急阀滤尘网，不良时须更换并安装在新紧急阀中。

11. 安装紧急阀。将紧急阀对正穿过中间体上的双头螺柱。安装紧急阀安装座螺母，使用扳手均匀紧固螺母，如图 7-3-61、图 7-3-62 所示。

12. 安装主阀。将主阀对正穿过中间体上的双头螺柱，如图 7-3-63 所示。安装主阀安装座螺母，使用扳手对角均匀紧固螺母，如图 7-3-64 所示。

图 7-3-61 安装紧急阀

图 7-3-62 安装紧急阀安装座螺母

图 7-3-63 安装橡胶垫

图 7-3-64 紧固螺母

13. 安装良好排风部，拉动缓解阀手柄，使缓解阀复位，开启截断塞门手把。

14. 缓慢开启故障车辆和相邻车辆关闭的折角塞门手把。

15. 质量检查和确认。工长确认主阀、紧急阀安装正位，各安装座螺栓紧固良好，确认故障车辆截断塞门、折角塞门以及相邻车辆折角塞门手把位置正确。

16. 制动机试验。充风时检查主阀和紧急阀有无漏泄，确认无漏泄后通知工长。工长安排对故障车辆进行制动机持续一定时间的全部试验，试验时检车员确认故障车辆空气制动、基础制动作用良好。

17. 安装防盗罩。防脱式防盗罩须先将缓解阀拉杆自防盗罩 U 形孔处穿入。安装防盗罩后将螺栓紧固，并将螺栓丝扣铲堆，如图 7-3-65、图 7-3-66 所示。

18. 安装缓解阀拉杆及开口销，开口销从左至右穿入。穿入后，开口销双向劈开角度不小于 60°，使缓解阀复位，如图 7-3-67、图 7-3-68 所示。

19. 工长确认配件安装质量良好。

20. 台账记录。检车员将处理方式、处置结果等情况记录在车统—15A 上；记录填写符合规定，字迹清晰。

图 7-3-65　安装防盗罩

图 7-3-66　紧固螺栓

图 7-3-67　安装开口销

图 7-3-68　缓解阀复位

十二、处理法兰漏泄

1. 作业要点。作业须由两名人员（1 号、2 号）共同负责，工长负责安全事宜，并对处理质量进行检查确认。处理截断塞门后部的支管故障前，须关闭截断塞门、排净副风缸风压；处理主管法兰漏泄前须关闭本车两端折角塞门，排净副风缸风压。故障处理完毕后，重新进行制动机持续一定时间的全部试验。

2. 作业准备。作业人员领取工具及同型号新品橡胶垫等工具材料。作业前确认车列两端插设安全防护。

3. 关闭折角塞门、截断塞门并排风，检查并确认漏泄故障部位，如图 7-3-69 所示。2 号人员先关闭故障车辆风源侧折角塞门，然后关闭该车截断塞门，最后关闭该车尾部及相邻车辆的折角塞门，摘开故障车辆尾部制动软管，缓慢开启故障车辆尾部的折角塞门，排出故障车辆主管中的压缩空气；排净后，关闭折角塞门并连结制动软管连接器；拉动故障车辆的缓解阀拉杆，排出故障车辆副风缸内压缩空气，通知 1 号人员可以作业，如图 7-3-70、图 7-3-71 所示。

4. 取出旧 E 形圈。1 号人员分解主管法兰，使用扳手卸下法兰螺栓、松开法兰，取出故障E形圈，如图 7-3-72、图 7-3-73 所示。

5. 选配、安装良好E形圈。1号人员检查新橡胶垫良好、不过期，安装新E形圈，如图 7-3-74 所示；组装法兰，安装法兰螺栓，均匀紧固法兰螺母。橡胶密封圈、接头体、法兰体组装后，E形圈须高出法兰平面 1 mm 以上，但不大于 2 mm，如图 7-3-75、图 7-3-76 所示。

图 7-3-69 确认漏泄部位

图 7-3-70 关闭折角塞门

图 7-3-71 排风

图 7-3-72 卸下法兰螺栓

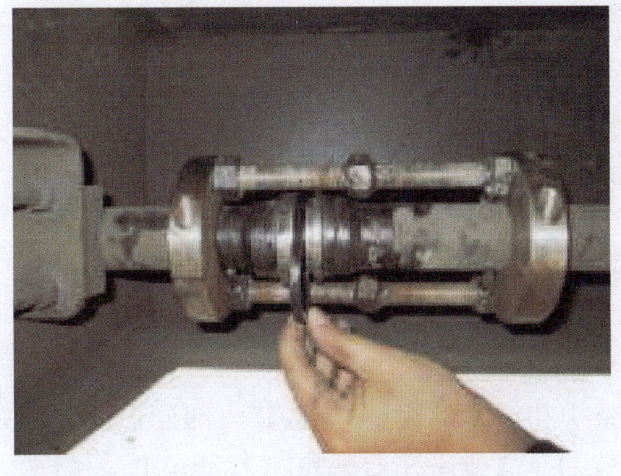

图 7-3-73 取出故障E形圈

图 7-3-74 良好E形圈

图 7-3-75　紧固法兰螺母

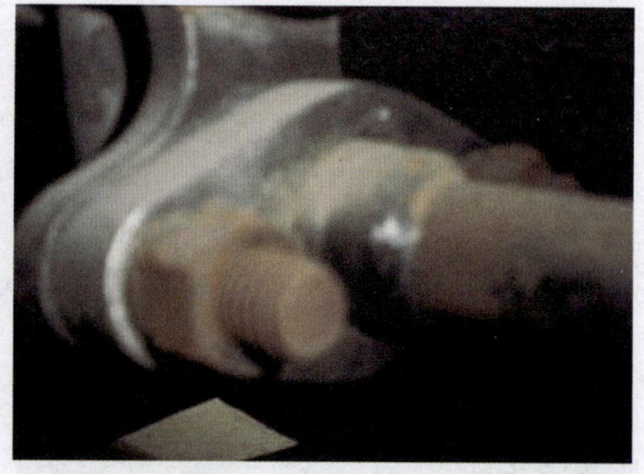

图 7-3-76　检查确认

6. 完工试验。法兰螺母紧固完毕后，1 号人员通知 2 号人员开启故障车辆两端和邻车已关闭的折角塞门，进行持续一定时间的全部试验，并确认试验合格。1 号人员开启故障车辆的截断塞门。

7. 质量检查。工长复查处理质量，确认折角塞门、截断塞门手把处于开启状态，风源贯通，故障部位不再漏风。

8. 台账记录。将作业车种车型车号、定检标记、故障名称、位数、处理方式等情况记录在车统—15A 上；记录填写符合规定，字迹清晰。

十三、更换球芯折角塞门

更换
球芯折角塞门

1. 作业要点。作业由 1 名人员负责，工长负责安全事宜，并对处理质量进行检查确认。更换球芯折角塞门时，须使用有生产资质厂家的球芯折角塞门，禁止锥形折角塞门互换安装使用；折角塞门装车时，折角塞门体中心线与主管垂直中心夹角须为 30°。

2. 作业准备。发现或接到故障处置通知后，作业人员领取 450 mm 管钳两把、快速棘轮扳手及同型号新品折角塞门等工具材料；作业前确认车列两端插设安全防护。

3. 关闭折角塞门并排风。关闭本车两端及相邻车辆端折角塞门，拉动缓解阀排净副风缸余风。

4. 卸除制动软管及故障折角塞门。摘开故障车辆良好一端制动软管，缓慢开启折角塞门，排出主风管内余风；排净余风后连接制动软管，再次关闭折角塞门手把。摘开故障端制动软管，开启故障折角塞门，使用管钳先卸下故障端制动软管，卸下主管卡子，进入端梁内侧用管钳卡紧锁紧螺帽，再用管钳卡紧折角塞门体逆时针方向卸下折角塞门，取下锁紧螺帽，如图 7-3-77、图 7-3-78 所示。

5. 安装良好折角塞门及制动软管。装车前须取下良好折角塞门通路外套(盖)式包装及密封防护物，检查确认无异物进入通道。在制动主管螺纹处须使用聚四氟乙烯薄膜缠绕，但不得超过螺纹端部；在端梁内侧用管钳卡住主管，防止主管转动，顺时针将良好折角塞门安装到主管上并用管钳进行紧固，紧固后须外露 1 扣以上的完整螺纹，旋入部分不得少于 4 扣；安装主管卡子。安装后，折角塞门体中心线与主管垂直中心夹角须为 30°。安装制动软管。在制动软管螺纹处使用聚四氟乙烯薄膜缠绕，但不得超过螺纹端部，制动软管连接器

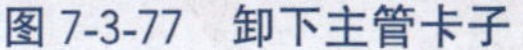

图 7-3-77　卸下主管卡子

图 7-3-78　管钳卡紧锁紧螺帽

连接平面与车体中心夹角须为 45°，并关闭故障端折角塞门。

6. 完工试验。先开启风源端折角塞门对故障车辆进行充风，检查折角塞门贯通状态及是否漏泄，无漏泄后再开启另一端折角塞门；对车辆进行持续一定时间全部试验，并确认试验结果良好。

7. 质量检查。工长复查处理质量，确认折角塞门及制动软管总成紧固无漏泄、安装正位。

8. 台账记录。将作业车种车型车号、定检标记、故障名称、位数、处理方式等情况记录在车统—15A 上；记录填写符合规定，字迹清晰。

十四、更换补装闸瓦

更换补装闸瓦

1. 作业要点。该作业由 1 名人员完成，平行作业时同对人员对处理质量进行检查确认。更换闸瓦时，须使用有生产资质厂家的闸瓦，闸瓦厚度符合运用限度要求，无裂纹、掉块、熔粘、金属镶嵌、瓦背折断等缺陷，闸瓦储存不过期(制造年月至装车使用不得超过 18 个月)；闸瓦插销穿入闸瓦托与闸瓦的插销孔内正位入底，闸瓦插销底部环眼孔露出闸瓦托底部，同时须安装闸瓦插销环。无生产厂家和日期代码标记及标记不清的闸瓦禁止装车使用，更换闸瓦后检查同一制动梁另一端闸瓦厚度，同一制动梁两端闸瓦厚度差不得大于 20 mm。

2. 作业准备。发现或接到故障处置通知后，作业人员领取撬棍及同型号闸瓦及闸瓦插销环等工具材料，作业前确认车列两端插设安全防护。

3. 关闭截断塞门。关闭更换(补装)闸瓦车辆截断塞门，目视截断塞门芯刻线与车辆支管垂直。

4. 排净副风缸余风。拉动缓解阀拉杆，将副风缸压缩空气排净，如图 7-3-79 所示。

5. 松闸瓦间隙自动调整器。ST2-250 型闸调器，作业人员需用扳手进行松动调整；ST1-600 型闸调器，作业人员需用手抓住外体手柄进行松动调整。一般同侧换 1 块闸瓦可不松闸调器、换 2 块转动不大于 2 圈、换 3 块转动不大于 4 圈，依次类推，如图 7-3-80 所示。

6. 卸下闸瓦插销环。卸下闸瓦插销环，放在地上。

7. 拔出闸瓦插销。用手将闸瓦插销拔出，闸瓦插销底部弯曲时，用扳手将其扳至接近于正常或标准状态，然后用手拔出；如仍不能拔出，则用检查锤头部用力向上撬打闸瓦插销头部或底部，直到拔出为止。拔出闸瓦插销，放在地上，如图 7-3-81 所示。

8. 卸下需更换的闸瓦。用撬棍活动闸瓦托，使闸瓦与踏面出现间隙，将撬棍伸入闸瓦与车轮踏面间，以踏面为支点向闸瓦托一侧用力撬开闸瓦；将检查锤头部伸入闸瓦下部向钢轨外侧勾拉闸瓦。卸下闸瓦放在便于回收的地方，如图 7-3-82 所示。

图 7-3-79　拉动缓解阀拉杆

图 7-3-80　松闸瓦间隙自动调整器

图 7-3-81　拔出闸瓦插销

图 7-3-82　卸下闸瓦

9. 安装新闸瓦。对良好闸瓦进行检查，闸瓦须符合要求标准。良好闸瓦标准：闸瓦生产厂家和日期代码标记清晰，闸瓦厚度符合运用限度，闸瓦无裂纹、掉块、熔粘、金属镶嵌、瓦背折断等缺陷，闸瓦储存不过期（制造年月至装车使用不得超过 18 个月）。作业人员一只手托住闸瓦底部，从闸瓦托下部由下向上沿车轮踏面将闸瓦送上闸瓦托；安装闸瓦时，严禁手指伸入闸瓦与车轮踏面之间，如图 7-3-83 所示。杜绝高、低摩合成闸瓦互换安装使用，同一制动梁两端闸瓦厚度差不得大于 20 mm。

10. 安装闸瓦插销。抓住闸瓦插销上部，沿闸瓦托上部插销孔由上向下顺势插入闸瓦插销；闸瓦插销穿入闸瓦托与闸瓦的插销孔内正位、入底，闸瓦插销底部环眼孔需露出闸瓦托底部，如图 7-3-84 所示。

11. 安装闸瓦插销环。将闸瓦插销环一端掰开 3～5 mm 间隙；将闸瓦插销环穿入闸瓦插销底部环眼孔，然后旋转，直到闸瓦插销环另一端重新闭合；拨动闸瓦插销环不脱落，目视闸瓦插销环距轨面不小于 25 mm。

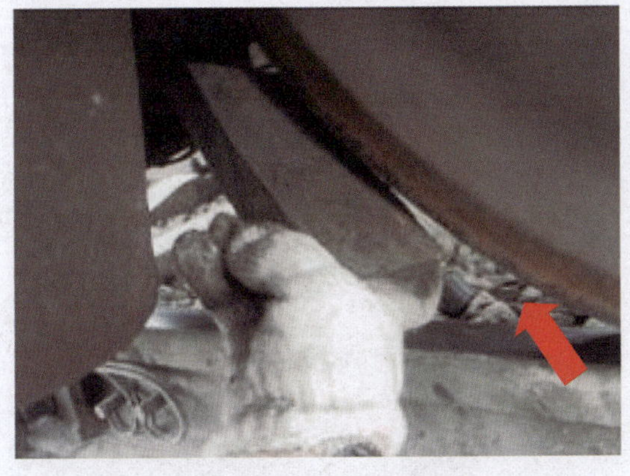

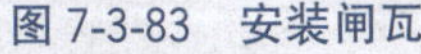

图 7-3-83　安装闸瓦

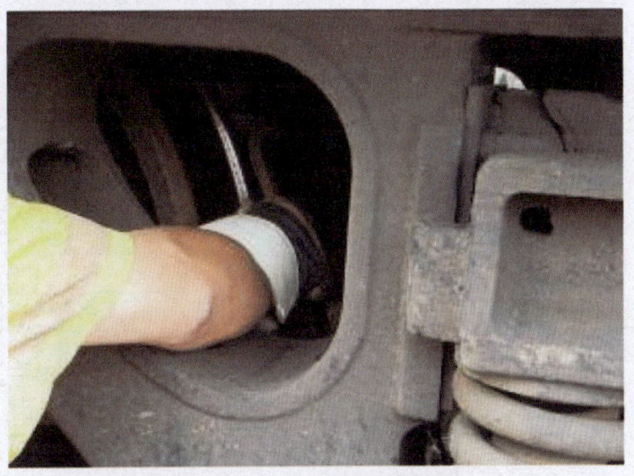

图 7-3-84　插入闸瓦插销

12. 恢复闸调器。ST2-250 型闸调器用扳手调整恢复；ST1-600 型闸调器用手抓住外体手柄进行调整恢复，如图 7-3-85 所示。

13. 开启截断塞门。开启截断塞门，确认截断塞门芯刻线与车辆支管平行。

14. 质量检查。确认截断塞门开启到位，闸瓦、闸瓦插销及闸瓦插销环安装良好，同一制动梁两端闸瓦厚度差不超限。

15. 台账记录。将作业车种车型车号、定检标记、故障名称、位数、处理方式等情况记录在车统—15A 上；记录填写符合规定，字迹清晰。

图 7-3-85　恢复闸调器

十五、处理人力制动机链折断故障

1. 作业要点。作业须由两名人员（1 号、2 号）共同负责，工长负责安全事宜，并对处理质量进行检查确认。

2. 作业准备。发现或接到故障处置通知后，作业人员领取更换手锤、扁铲、螺丝刀及链接环（整体式链接环或组合式链接环）等工具材料；作业前确认车列两端插设安全防护。

3. 处理故障。1 号人员用手锤、扁铲从断口处冲开，使断口扩大，并把折断链环取出。2 号人员使用链接环将两段轴链连接起来。

4. 安装整体式链接环。使用前对链环体及螺钉进行外观检查，无锈蚀，如图 7-3-86 所示。组装时用链环体将需要连接的两链环连挂在一起，穿上螺钉、垫圈和螺母，用外六角扳手卡紧螺母，同时用内六角扳手拧紧螺钉，直至链接环开口闭合并紧固；将高出螺钉开口处多余的材料去除，用虎钳将螺钉端部夹紧破坏，防止螺母松动。链接环组装完成后进行手制动功能试验，不得发生卡滞。

5. 安装组合式链接环。使用前对链环体及螺钉进行外观检查，无锈蚀，如图 7-3-87 所示。使用时先用螺丝刀卸下螺钉，将链接环分开为链环体 1、链环体 2。组装时将链环体 1 和链环体 2 分别挂在需要连接的两链环上，组合链环体 1 和链环体 2，然后穿入螺钉，用螺丝刀拧紧；采用U形卡钳将螺钉端头胀开，防止螺钉松动。链接环组装完成后，需进行手制动功能试验，不得发生卡滞。

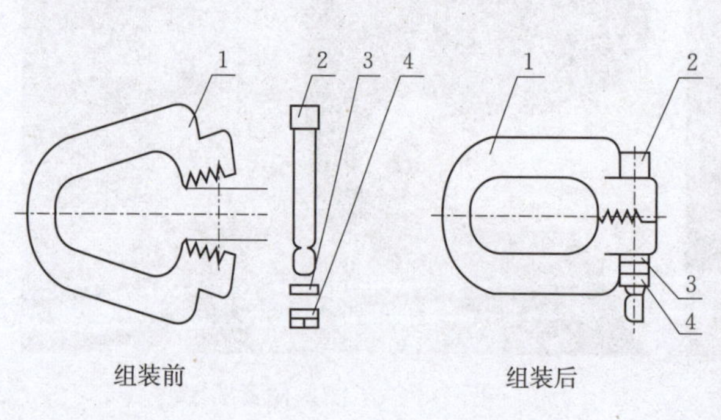

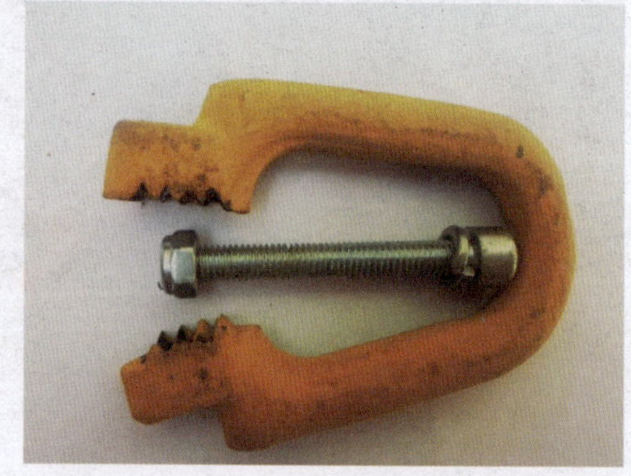

1—链环体；2—螺钉；3—垫圈；4—螺母。

图 7-3-86　整体式链接环图样

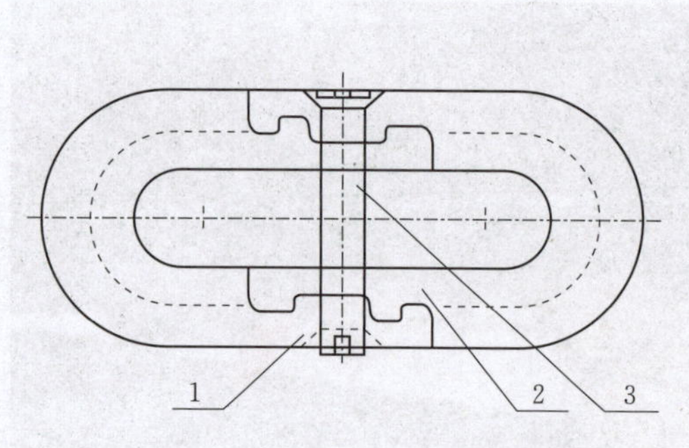

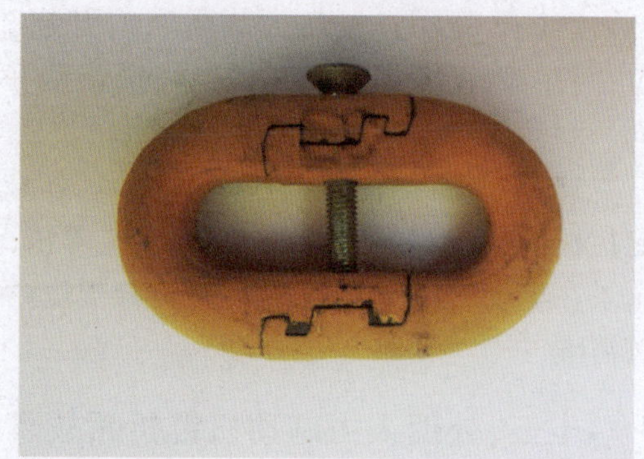

1—链环体1；2—链环体2；3—螺钉。

图 7-3-87　组合式链接环图样

6. 质量检查。工长复查处理质量，轴链安装正位，螺母紧固、螺栓螺纹铲堆，轴链松余量符合规定。

7. 台账记录。将作业车种车型车号、定检标记、故障名称、位数、处理方式等情况记录在车统—15A上；记录填写符合规定，字迹清晰。

十六、处理车体附属件故障

1. 作业要点。作业须由两名人员共同负责，工长负责安全事宜，并对处理质量进行检查确认。油镐技术状态良好；油镐须缓慢顶升，注意连接杆状态；油镐顶升过程中组合体不得发生倾斜；油镐卸下时须手托组合体防止坠落伤人。

2. 作业准备。发现或接到故障处置通知后，作业人员领取调整专修工具等工具材料；作业前确认车列两端插设安全防护。

3. 组装安放油镐。2号人员检查油镐无漏油，连接杆无裂纹，将液压管接头与油镐安装牢固，组装底座、连接杆、油镐、调整杆及调整触头，如图 7-3-88 所示。

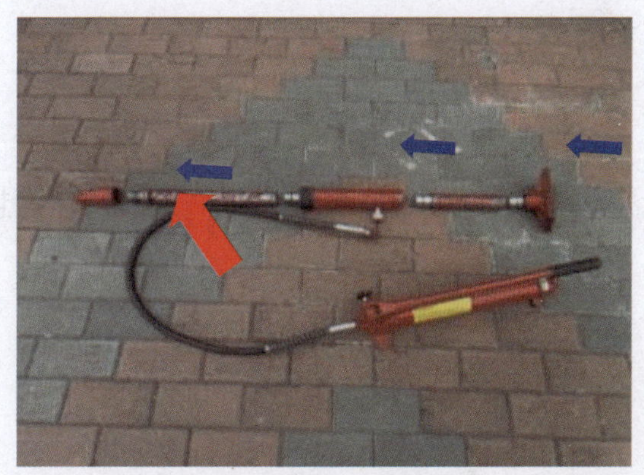

图 7-3-88 组装安放油镐

4. 2 号人员检查脚蹬横梁不得有裂纹开焊，将液压组合体底座横向放置到牵引梁合适位置；转动调整杆使触头顶到脚蹬横梁位置。不得顶在有可能滑崩的地方，如图 7-3-89、图 7-3-90 所示。

图 7-3-89 将液压组合体底座横向放置

图 7-3-90 触头顶到脚蹬横梁

5. 调整弯曲脚蹬。1 号人员锁闭油镐开关，缓慢压动手把；顶镐时 2 号人员用手扶住顶杆直至油镐顶稳时松开手。2 号人员确认顶升状态，顶升过程中组合体不得发生倾斜，确认各连接部位须处在同一水平后，方可通知 1 号人员快速压动手把顶升。2 号人员确认顶升角度达到脚蹬处于侧墙平面大于 10°时，通知 1 号人员停止顶升。根据现车脚蹬弯曲程度不同可适当选择顶升角度，将弯曲部位调整至规定标准。顶镐时人员头部闪到侧后方，避开油镐可能崩出的方向。顶镐时油镐伸出长度不得超过镐筒的安全线或四分之三。

6. 卸下油镐。2 号人员手托组合体防止坠落伤人，1 号人员缓慢打开液压泵开关；待油镐行程恢复后由 2 号人员取下组合体。

7. 质量检查。工长复查处理质量，目视检查脚蹬弯曲调整正位。

8. 台账记录。将作业车种车型车号、定检标记、故障名称、位数、处理方式等情况记录在车统—15A 上；记录填写符合规定，字迹清晰。

附录　部分现场操作解析视频

车钩三态作用试验

机车与车辆连挂作业

第四种检查器测量方法

起轴转动检查

分解、组装17型车钩配件

分解、组装13A(B)型车钩配件

调整17型车钩互钩差

调整13A(B)型车钩互钩差

更换制动软管总成

更换120型空气制动阀主阀

更换120型空气制动阀紧急阀

更换球芯折角塞门

更换补装闸瓦